AF497849

PROCÈS

A SOCIÉTÉ DES DROITS DE L'HOMME,

OU CONSPIRATION

DES VINGT-SEPT,

SUIV DE LA CONDAMNATION PRONONCÉE CONTRE TROIS DES AVOCATS.

Le 28 Juillet 1855, pour célébrer à sa manière l'anniversaire de la révolution de 1830, la police, sous le prétexte qu'une conspiration flagrante contre *l'ordre de choses*, résultait évidemment des cris prémédités pour le jour de la revue, contre l'embastillement de la capitale, fit arrêter des citoyens par centaines.

Vingt-sept seulement, furent renvoyés devant les Assises.

Le procureur-général Persil, dressa l'acte d'accusation.

Et l'affaire a commencé le 11 décembre, pour finir, après onze jours de débats, par un acquittement général des accusés prononcé par le jury et une condamnation prononcée par la Cour contre trois des défenseurs.

La Cour était composée de MM. *Jacquinot Godard*, président, *Dozon*, et *Brisout de Barneville*, conseillers et de M. *de Bastard* conseiller supplémentaire.

M. *Delapalme*, avocat-général, sous le règne de *Charles X*, continué dans ses fonctions par *Louis-Philippe*, tenait la place de M. *Persil*.

Les accusés sont : *Kersosi* et *Sarda*, ayant pour défenseur *Dupont*.

Raspail, défendu par *Pinard* et *Wielban*.

Laurent et *Mademoiselle Langlois*, défendus par *Bousquet*;

Rouet, défendu par *Michel* (de Bourges);

Latrade et *Caylus*, défendus par *Bethmont*;

Dubois Fresnay, défendu par *Delangle*;

Lerouge, défendu par *Bavoux*;

Chevalier, défendu par *Lacoin*;

Jovart, *Cornu*, *Alfred Dubois*, *Bregand*, *Jacquemin jeune* et *Parfait*, défendus par *Moulins*;

Chavot, *Levasseur*, *Chevé*, *Boulin*, *Chuquet*, défendus par *Boussi*;

1

Vangarner et Bonjour, défendus par *Fenet* ;
Giroux, *Boucher Lemaître et Lacombe*, défendus par *Briquet*.

———

On entend environ cent cinquante témoins dont plus des deux tiers sont appelés par l'accusation.

———

Dans la première audience, le président veut procéder à l'interrogatoire de Raspail, sur l'ensemble des faits du procès ; Raspail refuse de répondre, en disant avec raison, que ce n'est pas à un accusé à donner des armes à l'accusation ; qu'il attendra qu'on fasse paraître des témoins qui déposent de faits à sa charge, et qu'alors il donnera les explications que ces dépositions pourraient nécessiter.

Le président demande également à Raspail, pourquoi il a refusé, pendant l'instruction, de répondre au juge d'instruction. Je n'ai pas répondu, dit Raspail, parce que mon expérience m'a prouvé que leur instruction n'est qu'un piége perpétuel. Maintenant je regarderais comme un sot ou un lâche, quiconque pourrait répondre à leurs questions. C'est devant le jury seul, qu'un accusé doit répondre.

———

Dans l'audience du 13, le président interrogeant Kersosi sur des faits pour la constatation desquels l'audition d'un témoin est vainement réclamée par lui, finit par recevoir un refus formel de répondre

M. le président continue ses questions ;

Kersosi reste impassible.

M° Dupont : Je lui conseille de ne pas répondre.

M. le président : Cela n'empêchera pas de continuer mes questions; avocat, prenez sur vous la responsabilité de votre conseil. (Agitation.)

Tous les accusés : Ne répondez pas.

M° Dupont: Je ne puis conseiller à Kersosi de répondre, dans une affaire où j'aperçois des *falsifications* de pièces (1).

M° Pinard: C'est un fait constant, il y a eu un faux, et nécessairement un *faussaire*.

L'avocat-général, se levant vivement : Je demande que la Cour fasse constater au procès-verbal, l'expression injurieuse dont M° Pinard s'est servi envers le rédacteur de l'acte d'accusation.

La Cour faisant droit aux réquisitions de M. Delapalme, avocat-général, ordonne que l'expression de faussaire sera mentionnée au procès-verbal.

M° Pinard : Si la personne qui a signé l'acte d'accusation a eu l'honneur d'appartenir au barreau, elle doit savoir que pour une falsification de pièces, dans une affaire, quelque minime qu'elle fût,

———

(1) Il s'agissait de la pièce la plus importante rapportée par l'acte d'accusation, et dans laquelle se trouvaient omis des mots changeant tout-à-fait le sens qu'on lui donnait.

l'avocat qui en aurait été l'auteur, serait impitoyablement rayé du tableau. Eh bien! maintenant, quelque sévère que puisse être l'expression dont je me suis servi, je la maintiens parce qu'elle est juste. (De toutes parts : Oui, elle est juste.)

M° Michel : Je partage la solidarité de l'expression de M° Pinard.

L'avocat-général requiert que cette énonciation soit consignée au procès-verbal.

M° Michel : Oui, Messieurs, c'est là un acte dont je m'honorerai toute ma vie.

M° Bethmont déclare, au nom des tous les défenseurs, qu'ils entendent accepter la responsabilité de ce que viennent de dire leurs confrères.

Tous les avocats de la cause se lèvent et demandent qu'on inscrive aussi leurs noms.

L'avocat-général cherche, d'une voix altérée, à justifier la falsification commise par le rédacteur de l'acte d'accusation. Il se borne, en terminant, à requérir de la Cour qu'elle enjoigne aux defenseurs d'être plus circonspects à l'avenir.

M° Michel : Ce qu'on pourrait appeler altération de la part d'un simple particulier, il faut l'appeler faux de la part d'un homme éclairé. Quelles que puissent être les conséquences de cette expression, je les accepte. Il ne faut pas d'efforts pour prouver à la Cour, qu'altérer une pièce qui fait partie de l'accusation, c'est une altération quand elle émane d'un copiste, mais aussi que c'est un faux quand elle vient d'un homme public. On vous a dit, Messieurs les jurés, que l'acte d'accusation était sans importance; mais a-t-on dit cela à la France quand on le lui a présenté?

M. le président veut interrompre M° Michel; tous les accusés se lèvent spontanément pour protester contre cette interruption.

M° Michel : Qu'on m'interrompe, j'insisterai davantage sur la vérité. En tout ceci, Messieurs, je n'ai fait que suivre l'impulsion de ma conscience. Qu'on nous condamne maintenant, et nous accepterons avec joie cette réprimande, puisque c'est là le but du réquisitoire de M. l'avocat-général. Mais alors il sera prouvé pour vous, Messieurs les jurés, qu'il faut que nous soyons bien sûrs de l'innocence de nos cliens pour abandonner en leur faveur nos habitudes de convenance envers les magistrats.

La Cour, délibérant sur le réquisitoire du ministère public, joint l'incident au fond pour y être statué plus tard.

Après cet incident M. le président reprend l'interrogatoire de Kersosi.

Kersosi : Je ferai remarquer à MM. les jurés qu'on évite d'en venir aux faits principaux. J'ai été arrêté illégalement; voilà le point essentiel.

M. le président : MM. les jurés ne sont point appelés à prononcer sur la légalité des actes de l'instruction.

M° Dupont : Lorsque Kersosi fut arrêté, les agens n'avaient point de mandat ; le commissaire de police alla le chercher après l'arrestation.

M. Lenoir commissaire de police : Comme il n'était pas facile de saisir M. Kersosi, j'avais donné ordre à plusieurs agens d'aller et de venir aux environs de sa demeure pour attendre l'occasion de l'appréhender.

Mᵉ Dupont : Ainsi, il résulte que des agens ont arrêté un citoyen sans être porteurs d'un mandat d'arrêt, ce qui est un crime. Nous en demandons acte dans le procès-verbal.

M. le président : Le procès-verbal constatera les paroles des témoins et point autre chose.

Le président veut procéder ensuite à l'interrogatoire des accusés.

Tous les accusés refusent de répondre jusqu'au moment où des témoins viendront déposer de quelque fait à leur charge :

Le président est obligé de renoncer à son interrogatoire et de procéder immédiatement à l'audition des témoins.

On entend M. Lemoïne-Tacherat, commissaire de police, qui a procédé à la perquisition faite le 28 chez Kersosi. On lui représente le papier à l'encre rouge saisi dans l'armoire de l'accusé, celui-là même dont il a été dit que l'accusation avait retranché la première phrase. Une discussion s'engage sur cette phrase supprimée.

Kersosi prétend qu'elle était d'abord incomplète, et qu'une main étrangère en a ensuite complété le sens au crayon rouge. Comme ce n'était, dit-il, qu'un brouillon, on y lisait :... ... « *De la Société ont fait la proposition suivante.* » Depuis, une main inconnue a écrit en tête : « *Les membres.* »

Mᵉ Dupont : Je reconnais le crayon rouge du Parquet.

M. L'avocat-général : Nous demandons acte à la Cour des paroles qui viennent d'être prononcées ainsi que de nos réserves contre Mᵉ Dupont.

Mᵉ Dupont : Je ne veux pas dire qu'il y ait eu mauvaise intention.

M. le président : Votre déclaration trouvera place aussi au procès-verbal.

—————

Après l'audition des témoins, qui n'a produit presque aucune charge contre les accusés, l'avocat-général, dans l'audience du 19 décembre, développe son réquisitoire ; il discute les faits généraux de l'accusation, puis il parle de l'organisation de la Société des Droits de l'Homme, de son but criminel.

Au moment où il l'accuse de vouloir la loi agraire, un témoin se lève au milieu de l'auditoire et s'écrie d'une voix forte : *Tu en as menti, misérable !*

(Mouvement subit ; toute l'assemblée se lève.)

M. le président : Faites sortir sur-le-champ la personne qui a dit cela et si elle refuse, qu'on l'amène devant la Cour.

Vignerte, du banc des témoins : C'est moi qui l'ai dit, moi, Vignerte ! je le répète, il en a menti !

Plusieurs accusés : Bravo, Vignerte ! il a raison ! nous pensons comme lui ! Accusez-nous, mais ne nous calomniez pas

5

Le barreau, le jury, tous se lèvent et se tournent vers l'endroit de la scène. Les accusés montent sur leurs bancs ; l'agitation est au comble.

Les témoins Vignerte et Petit-Jean sont conduits au pied de la Cour.

M. le président à Petit-Jean: Est-ce vous qui avez interrompu M. l'avocat-général ? — R. Non.

Vignerte : C'est moi, et je suis prêt à le répéter.

M. le président : Pourquoi a-t-on arrêté Petit-Jean ?

Petit-Jean : Parce que je pense comme Vignerte ; ce qu'a dit l'accusateur public est faux ; nous avons nos bras pour travailler et nous ne voulons de la propr,été de personne.

M. le président, à Vignerte : Est-ce vous qui avez prononcé ces mots : « Vous en avez menti ? » — R J'ai dit : « Tu en as menti, misérable ! »

M. le président : Qu'avez-vous à dire pour votre justification ?— R. Je ne me justifie pas! Je suis membre du Comité de la Société des Droits de l'Homme. J'ai été révolté des infâmes calomnies que l'avocat-général vomissait contre nous.

M. le président : Et vous Petit-Jean, qu'avez vous a dire ?—R. J'étais indigné d'entendre proférer contre la Société des Droits de l'Homme des faussetés aussi horribles.

Vignerte : Je défie l'avocat-général de présenter un seul écrit qui puisse justifier ses allégations ; il faut de l'effronterie pour cela.

M. L'avocat-général : Nous demandons à la Cour d'appliquer au sieur Vignerte, les dispositions de l'acte 223 du code pénal.

M. le président : Me Dupont, la cour vous nomme d'office pour défendre Vignerte.

Vignerte : Je ne veux pas de défenseur..... Vous êtes un tas de valets d'un roi usurpateur des Droits du Peuple. Je ne vous reconnais pas.

Plusieurs voix, au banc des accusés : C'est vrai !...

Me Dupont : Je ne défends pas Vignerte, puisqu'il ne veut pas être défendu, mais je demande qu'il soit sursis à statuer jusqu'après les plaidoiries ; car nous établirons que toutes ces accusations d'ambition, d'amour du pillage, etc., n'ont été que d'odieuses calomnies; que la Société, dans toutes ses fractions, n'a jamais cessé de repousser la loi agraire.

Raspail : Nous demandons la responsabilité de ce qu'a dit Vignerte.

Vignerte, avec calme : Ce que j'ai dit m'est tout personnel, et je demande, moi, que cela ne retombe pas sur les accusés (Mouvement).

La Cour, malgré les réclamations de Me Dupont, délibère immédiatement, et après quelques minutes, séance tenante, condamne Vignerte, à trois ans de prison.

De toutes parts: C'est infâme. (Une longue agitation suit le prononcé de cet arrêt.)

Vignerte en se retirant, dit au milieu du bruit : « Adieu Monsieur le président, ce soir vous aurez une poignée de main. »

Après cet incident, M. l'avocat-général continue son réquisitoire et discute les charges relatives à chacun des accusés.

Raspail est ensuite entendu.

———

Dans l'audience du 20 décembre on entend les plaidoiries des avocats, défenseurs des accusés contre lesquels l'accusation n'a pas été abandonnée,

M⁰ *Dupont*, avocat de Kersosi, s'exprime ainsi :

Messieurs, de toutes parts on entend des voix lamentables qui s'élèvent et crient : « Nul pouvoir n'est respecté, l'anarchie s'est emparée des esprits de tous les citoyens. » Les hommes qui parlent ainsi, proclament de tristes vérités, ils constatent des faits saillants pour tous les yeux ; mais constater des faits cela ne suffit pas, il faut encore en dire les lois, c'est-à-dire en signaler les causes.

A toutes les causes de cette anarchie sociale une cause nouvelle vient de s'ajouter. Vous la voyez dans ces tristes débats, qui ont ressemblé à tant d'autres, mais qui ont surpassé les plus scandaleux par leur triste originalité.

Nul pouvoir n'est respecté, dit-on, mais c'est qu'il n'est pas, de nos jours, un pouvoir qui se pose devant la société avec un caractère non douteux de moralité, ni même avec une apparence hypocrite de dévouement aux intérêts sociaux.

Examinez la moralité de tous les pouvoirs ; le plus haut de l'état, comment se présente-t-il à vos yeux ? Il faut le dire avec regret, il n'est plus dans nos cités qu'à l'état mesquin de parti politique. Au lieu de se faire le modérateur auguste et éclairé de tous les intérêts, il semble au contraire n'avoir d'autre mission que d'épouser la cause des intérêts matériels, contre d'autres intérêts à la fois matériels et moraux. Il s'est proclamé hautement le protecteur exclusif des intérêts des riches; au lieu de se faire à la fois le protecteur des intérêts des riches et le noble tuteur des souffrances des prolétaires. Enfin, il en est réduit à vivre d'une intrigue odieuse qui consiste à exciter une sorte de guerre civile entre les intérêts les plus matériels et les plus nobles sympathies de l'humanité.

Tous les autres pouvoirs secondaires, sous quelle apparence de moralité et de dévouement se présentent-ils au jugement sévère et éclairé de la cité ? N'avez-vous pas entendu naguère une voix s'écrier sans doute avec douleur : « Quel pouvoir, de nos jours, ne s'est pas avili, corrompu, prostitué ? » Et vous vous étonnez que les pouvoirs subalternes ne soient pas respectés ! Depuis quand donc l'homme respecte-t-il la vénalité, la corruption, la prostitution ? Vos pouvoirs ne sont pas respectés ! C'est-là une preuve de la haute moralité de nos concitoyens. Ne vous en plaignez pas.

Mais il était un pouvoir en dehors de tous ceux-là, un pouvoir que la loyauté des citoyens aimait à environner de tous les prestiges de la moralité et de l'indépendance : le pouvoir judiciaire! Les peuples anciens avaient placé la justice dans le ciel. Ne semble-t-il pas que de nos jours des mains sacriléges veuillent la faire descendre de son trône céleste pour la jeter déshonorée dans la boue de nos cités ! (*Mouvement.*)

Il y a deux mois, M. le procureur-général, parlant en audience solennelle, est venu dire à la France que les travaux de son parquet étaient des travaux politiques ; et deux mois après apparaît cet acte d'accusation que la France a déjà jugé. Faut-il y voir le triste commentaire de la phrase du procureur-général? est-ce là la manière dont il entend les travaux politiques du parquet ? Des altérations de faits , des altérations de témoignages écrits, des falsifications de pièces , la supposition inexplicable d'un écrit dans le dossier de Kersosi ; la violation du secret des lettres , ou , ce qui n'est pas moins immoral , l'usage de ces lettres violées ; l'exhumation de documens jugés depuis plus d'un an dans d'autres procès ; la violation du secret des affections les plus intimes ; la diffamation , l'injure , la calomnie ; voilà les bases de l'acte d'accusation , voilà la base de cet acte que l'on peut regarder , sans se tromper , comme le premier exposé des motifs de la loi future sur les forts détachés.

En présence d'une accusation aussi immorale , vous ne trouverez en nous que modération ; pour toute réponse je pourrais dire ces mots qu'un conventionnel célèbre répondait aux injustes attaques de ses ennemis : « Je vous rappelle à la pudeur. » (*Mouvement.*)

Une pareille accusation en présence de la presse ! en présence du jury ! Mais l'éditeur responsable de cette accusation avait donc oublié que la presse veille pour dénoncer ses actes, que le jury veille pour les apprécier et les flétrir ! Et le procureur-général n'a pas craint de dire que le jury ne faisait pas son devoir ! Mais si vous voulez des juges pour condamner dans des accusations aussi immorales , ce ne sont pas des jurés qu'il vous faut ; il vous faut des commissaires , des commissaires aux lumières surnaturelles , auxquels vous puissiez dire en les remerciant de leurs services, ce que Richelieu disait aux commissaires qui condamnèrent Marilhac : « Il faut avouer , messieurs, que vous avez eu l'inspiration de lumières surnaturelles ! »

Le pays ne doit plus s'étonner d'entendre le pouvoir demander que le jury ne puisse plus ni discuter ni délibérer à haute voix dans le sanctuaire secret où s'élaborent les verdicts. Au pouvoir il faudrait un jury de muets ; sans cela il s'élèvera toujours des voix dans le sein du jury pour flétrir de pareilles accusations.

Jusqu'ici il y avait un axiôme judiciaire regardé comme aussi sacré que la vérité et la justice, c'est à savoir que le doute est toujours favorable aux accusés. Mais nous sommes en progrès ; M. le procureur général a dit , en audience solennelle : « Dès que le ministère public aperçoit du *doute* ; dès qu'il y a , d'après sa conscience , *simple* présomption de délit , le ministère public doit porter plainte et saisir la justice (1) » Eh bien ! soit ; poursuivez quand il y a doute. Mais ce qu'il y a de terrible, c'est que nous savons comment M. le procureur-général fait naître des doutes pour sa conscience. Avec ces doutes qu'il s'inspire à lui-même en falsifiant les pièces, il emprisonne les citoyens, les retient six mois dans ses cachots, les ruine, les réduit à la misère ; avec ces doutes qu'il produit au grand jour comme des vérités, il épouvante le pays en lui présentant des fantômes de complot, en le menaçant de tentatives insensées de loi agraire, en suspendant sur la tête de tous les citoyens, les échafauds d'une nouvelle terreur.

On a réveillé dans ce procès tous les souvenirs judiciaires de l'ancienne monarchie, et même du tribunal révolutionnaire.

Sous l'ancien régime, Laubardemont disait : « Donnez-moi deux lignes de l'écriture d'un homme, et je me charge de le faire pendre. » Laubardemont interprétait, torturait le sens des phrases, mais l'histoire ne dit pas qu'il les falsifiât. De nos jours, on a surpassé Laubardemont. Laubardemont n'en était qu'au système de l'interprétation ; on a inventé la théorie de la castration des pièces. (Sensation.)

Le tribunal révolutionnaire condamnait des citoyens accusés de modérantisme ; dans cette enceinte il n'y a pas d'autre crime reproché à Raspail. Vous jugerez Raspail pour un fait de modérantisme !

Enfin, on a dépassé de beaucoup les doctrines des accusateurs de la restauration. Hier, Raspail vous a rappelé les sanglants souvenirs du procès de Bories ; dans cette affaire, M. Marchangy disait :

« Ce n'est pas comme carbonari que l'on punit les accusés,
« mais comme conspirateurs... S'il est vrai que les carbonari
« ne s'associent que pour renverser le gouvernement ; si leurs
« statuts, leurs serments, leurs cotisations, si tout leur régime
« occulte n'a que ce but criminel, il en résultera, non pas que
« tout carbonaro est conspirateur, mais que tout carbonaro est
« en état de disponibilité pour le fait de conspiration. Nous disons donc que la charbonnerie est une aptitude à conspirer ;
« dès lors, nous le répétons, le titre de carbonaro qui, par
« lui-même et à lui seul ne sera pas une preuve suffisante pour
« signaler, dans celui qui le porte un conspirateur, sera cependant contre lui une présomption qui, de là, pourra guider la justice sur la trace des faits tendant à établir ce qui,
« aux termes de la loi, constitue le complot. »

Et l'on n'a pas craint de dire que Raspail, par cela seul qu'il était d'une société ennemie de la monarchie, publiant des doctrines en opposition avec les doctrines monarchiques, était en

(1) Voir la *Gazette des Tribunaux* du 4 novembre.

état de complot légal ! Que voulez-vous que je vous dise ? L'ombre de Marchangy vous réfute.

Après cela, Messieurs les jurés, étonnez-vous qu'aucun pouvoir ne soit respecté ! Maintenant vous savez quelques-unes des causes de ce triste phénomène.

Il y a deux choses dans ce procès : des faits et des doctrines. Les faits sont rendus criminels par les opinions des accusés. Il faudra donc examiner les faits et les doctrines. Nous nous placerons loyalement sous le drapeau de la Société la déclaration des droits de l'homme et du citoyen. Nous prouverons que ses doctrines sont morales, sociales, progressives, seules capables de mettre un terme à nos trop longues agitations politiques.

M⁹ Dupont discute toutes les charges de l'accusation une à une, puis il arrive à l'examen du but et des doctrines de la Société des Droits de l'Homme.

« On attaque le caractère secret de la Société des Droits de l'Homme, attaque bien injuste, car on a fait cette société coupable d'une nécessité qu'elle subit malgré elle. Si son organisation est secrète et fractionnée, c'est que votre loi lui défend la publicité, et l'empêche d'avoir un caractère collectif. N'avez-vous pas déjà proscrit la publicité de la Société des Amis du Peuple ? Vous êtes donc injustes quand vous attaquez le caractère secret de la Société des Droits de l'Homme ; si elle se livrait à la publicité, vous diriez : c'est un club ; si elle subit le secret, vous dites : c'est une conspiration !

Par ma voix, la Société des Droits de l'Homme vous demande la publicité ; faites une loi qui permette à cette société de se réunir sons les yeux du public, tous ses actes alors pourront être jugés par l'opinion.

Ici M⁹ Dupont établit que le caractère de la société est uniquement un caractère de propagande républicaine, qu'elle n'est point une organisation militaire ; il rappelle qu'il y a aux pièces un procès-verbal d'une séance de section, dans laquelle un membre proposa à cette section d'apprendre le maniement des armes, ce qui s'élève évidemment contre le caractère militaire de la société ; car on n'eût pas fait cette proposition dans cette section, si l'apprentissage des armes et l'organisation militaire eussent été le droit commun de la société. Il continue en ces termes :

Je dois vous dire, Messieurs, l'origine de la Société des Droits de l'Homme. Avant et pendant ce procès, on a cherché à soulever de vastes haines contre la société ; on a inscrit malgré elle sur son drapeau : « Pillage et loi agraire. » Peut-être cet exposé aura-t-il pour résultat d'appaiser d'injustes préventions, de calmer des haines aveugles.

Chaque siècle ou chaque époque a rempli une mission dans le développement progressif de l'humanité ; le dix-neuvième siècle a sa mission à remplir, et il me semble que la Société des Droits de l'Homme a parfaitement rempli le caractère de cette sainte mission.

Ainsi l'antiquité avait des esclaves et des hommes libres : le platonicisme, traduit en religion positive sous le nom de christianisme, a émancipé les esclaves. Ils n'étaient que des choses, ils sont devenus des hommes.

Le moyen-âge avait des serfs et des seigneurs, le christianisme ou plutôt l'industrie ont affranchi les serfs.

Le dix-huitième siècle avait encore des nobles et des roturiers, la philosophie du dix-huitième siècle a rabaissé le noble au rang des bourgeois.

Le dix-neuvième, je le répète, a une mission à remplir, c'est l'affranchissement moral et politique des prolétaires. Il doit aussi chercher à calmer leurs souffrances, à améliorer leur sort matériel.

Cette noble tâche devrait être celle des gouvernans. En 1830, on crut qu'il en serait ainsi, lorsque le gouvernement provisoire proclama ces mots en présence des prolétaires victorieux : « Les vertus sont dans toutes les classes, toutes les classes ont les mêmes droits, ces droits seront assurés. »

Ces promesses ont été oubliées, trahies même ; lors des événemens de Lyon, le gouvernement fit dire par ses journaux ces mots impies : « Les ouvriers sont des barbares qui menacent d'envahir nos cités comme les Barbares ont envahi l'empire romain. » En 1833, on est coupable, aux yeux de M. Persil, pour rappeler aux prolétaires qu'ils *sont hommes comme les riches* (1).

Abandonnés par les classes riches, et le gouvernement, les prolétaires durent en appeler à eux-mêmes. Ils s'associèrent pour s'instruire de leurs droits, pour se demander s'ils étaient hommes, s'ils étaient citoyens ; ils s'associèrent pour réclamer la consécration de leurs titres d'homme et de citoyen. L'association, comme vous le voyez, doit être attribuée aux fautes du gouvernement et à l'oubli impardonnable des intérêts de la classe la plus nombreuse et la plus souffrante.

Des hommes plus riches, des écrivains, des avocats, sympathiques pour toutes les idées grandes et généreuses, se joignirent aux prolétaires, pour les aider dans la noble conquête de leurs droits ; ils élevèrent la voix pour réclamer, en face du pays, l'amélioration morale et matérielle du sort de tant d'hommes qui sont nos frères et nos concitoyens, et qui souffrent d'une manière si cruelle les mépris de la loi politique et les tortures de la misère.

Trouvez-vous quelque chose d'anti-social dans le but de cette société ? Il me semble, au contraire, qu'il y a dans ces travaux un but noble, généreux, utile aux prolétaires, utile surtout aux classes riches. L'histoire ne vous dit-elle pas que bien des agitations sociales, que des révolutions mêmes sont nées des souffrances insupportables des prolétaires ? Ne comprenez vous pas que la tranquillité de vos ci-

______

(1) Procès du crieur Delente.

tés est soumise à cette condition, que la classe la plus nombreuse puisse vivre par le travail ? Ne comprenez-vous pas que si le travail ne peut la nourrir, il est du devoir de la politique, encore plus que de l'humanité, de venir au secours de ses souffrances? Voilà la condition de sécurité pour vos richesses, pour votre industrie, et c'est là une condition impérieuse, entendez-vous, du joug de laquelle les armées les plus nombreuses ne peuvent vous affranchir pour long-temps.

Mais, dit-on, pourquoi la société a-t-elle arboré la déclaration des droits proposés à la Convention par Robespierre? pourquoi n'avoir pas choisi celle qui fut proclamée par la Convention elle-même, en tête de la constitution de 1793? La Convention vous a-t-elle donc paru trop modérée?

Je vous proteste, Messieurs, que le nom de Robespierre n'a été pour rien dans ce choix ; si cette protestation ne suffit pas à des esprits haineux, ils croiront l'évidence ; je vous proteste que la déclaration de ce célèbre représentant n'a été élue que parce qu'elle est la plus avancée de toutes les déclarations connues ; parce qu'elle est la plus philosophique par la pensée, et malgré le caractère un peu déclamatoire du style ; parce qu'elle est la seule qui ait cherché à résoudre par les voies pacifiques le problème suivant : « Conserver le droit de propriété et le caractère individuel de la propriété actuelle, et cependant améliorer le sort de la classe la plus nombreuse. »

Dans ce problème, il n'y a rien d'anarchique, rien d'agraire, rien de terroriste; ôtez le nom de Robespierre, s'il vous fait encore peur, et c'est l'œuvre d'un philantrope éclairé, d'un politique profond. C'est qu'il y avait deux hommes dans Robespierre : l'homme de la lutte violente contre la royauté, contre les nobles, contre le clergé, contre les corrompus de son parti, contre l'étranger; et l'homme de l'avenir qui devait succéder à cette lutte sanglante. L'homme du comité de salut public, je l'abandonne au jugement de tous les partis; l'homme philosophe, je le recommande à votre examen consciencieux ; vous devez juger ses ouvrages, comme vous jugez tous les ouvrages philosophiques. Vous m'écouterez donc, Messieurs, avec impartialité; vous jugerez sans passion les théories de ce tribun terrible qui eut nom Robespierre ; oui, sans passion. Autrement, comment pourriez-vous juger sans passion et sans haine des ennemis politiques qui comparaissent vivans devant vos yeux, si vous n'aviez pas même assez de raison et de sang-froid pour juger impartialement les théories d'un homme mort depuis plus de quarante ans!

La déclaration des droits, c'est l'œuvre de Robespierre philosophe ; il la présentait comme une espérance consolatrice pour l'avenir ; c'était l'arc-en-ciel qui annonçait que l'orage le plus violent aurait une fin heureuse.

C'est une erreur de dire que la déclaration des droits de Robespierre fut repoussée avec indignation par la Convention. Ce mensonge historique a été imprimé dans le réquisitoire que M Franck-Carré fulmina, en avril dernier, contre la Société des Droits de l'Homme. Le gouvernement a tellement inondé le pays de ce réquisitoire mensonger, que je l'ai retrouvé sur le point habité le plus élevé des montagnes du Cantal. Mais cette assertion mensongèrement historique, quoiqu'elle ait été imprimée et publiée sous les auspices officiels du gouvernement, ne reçoit pas moins un démenti officiel et authentique de la part du *Moniteur*. A la date du 25 avril 1793, ce journal, après avoir rapporté le discours que Robespierre prononça en présentant sa déclaration, inscrit ces lignes : « Il descend de la tribune au milieu d'applaudissemens unanimes. »

C'était encore une erreur ou un mensonge, lorsqu'on a dit et imprimé que la Convention trouva cette déclaration si anarchique, que, le 1er juillet 1793, elle fit une loi de mort contre tout homme qui répandrait des exemplaires de l'œuvre de Robespierre. Lisez le rapport fait par Héraut-Séchelles (1er juillet, 1793), au nom du comité de salut public ; c'est l'exposé des motifs de la loi ; vous y verrez que la loi est dirigée contre *les nobles et les aristocrates,* qui, pour dépopulariser la Convention dans les campagnes, colportaient, sous le nom de la Convention même, de faux projets de constitution, où le partage de tous les biens était proclamé.

Je ne vous lirai pas cette déclaration tout entière, mais entendez au moins la définition de la liberté : « La liberté est le pouvoir qui appartient à l'homme d'exercer à son gré toutes ses facultés ; elle a la justice pour règle, les droits d'autrui pour bornes, la nature pour principe, et la loi pour sauve-garde » Ne trouvez-vous pas que cette définition, si auguste, si belle et si juste, vaut bien la définition que M. Dupin, l'adversaire de Robespierre, a livrée à la publicité : « La liberté est le droit de faire tout ce qui n'est pas défendu par la loi. » (1)

Mais examinons froidement et consciencieusement les articles de cette déclaration qui ont le plus soulevé les craintes factices ou sérieuses, qui ont le plus irrité les haines sincères ou de commande.

L'article 6 définit ainsi la propriété : « La propriété est le droit qu'a chaque citoyen de jouir à son gré de la portion de biens qui lui est garantie par la loi. »

C'est ce mot *portion* qui a fait croire que Robespierre et la Société des Droits de l'Homme étaient partisans d'une loi agraire ; c'est ce mot qui a fait dire à M. Dupin que Robespierre et la Société des Droits de l'Homme voulaient réduire tous ceux qui possèdent à *la portion congrue*. Au lieu de faire un bon mot, M. Dupin aurait beaucoup mieux fait de lire le discours de Robespierre, présentant le texte de sa déclaration. Voici ce discours, c'est le meilleur commentaire de l'article 6 de la déclaration :

(1) Voir la consultation de M. Dupin contre les Jésuites.

« Je vous proposerai d'abord quelques articles nécessaires pour compléter vos théories sur *la propriété !*... Que ce mot n'alarme personne ; âmes de boue qui n'estimez que l'or, je ne veux point toucher à vos trésors, quelque impure qu'en soit la source. Vous devez savoir que cette loi agraire, dont vous avez tant parlé, n'est qu'un fantôme créé par les fripons pour épouvanter les imbéciles. Il ne fallait pas une révolution, sans doute, pour appendre à l'univers que l'extrême disproportion des fortunes est la source de bien des maux et de bien des crimes ; mais nous n'en sommes pas moins convaincus que l'égalité des biens est une chimère ; pour moi je la crois moins nécessaire encore au bonheur privé qu'à la félicité publique. Il s'agit bien plus de rendre la pauvreté honorable, que de proscrire l'opulence ; la chaumière de Fabricius n'a rien à envier au palais de Crassus : j'aimerais bien autant pour mon compte être l'un des fils d'Aristide, élevé dans le Prytannée aux dépens de la république, que l'héritier présomptif de Xercès, né dans la fange des cours pour occuper un trône décoré de l'avilissement du peuple, et brillant de la misère publique.

« Posons donc, de bonne foi, les principes du droit de propriété : il le faut d'autant plus qu'il n'en est point que les vices des hommes aient cherché à envelopper de nuages plus épais.

« Demandez à ce marchand de chair humaine ce que c'est que la propriété.... Il vous dira, en montrant cette longue bière qu'il appelle un navire, où il a encaissé et serré des hommes qui paraissent vivants : Voilà mes propriétés ; je les ai achetées tant par tête.

« Interrogez le gentilhomme qui avait des terres et des vassaux, et qui croit l'univers bouleversé depuis qu'il n'en a plus... Il vous donnera de la propriété, des idées à peu près semblables.

« Interrogez les augustes membres de la dynastie capétienne.... ils vous diront que la plus sacrée de toutes les propriétés est sans contredit le droit héréditaire dont ils ont joui de toute antiquité, d'opprimer, d'avilir, et de s'assurer légalement et monarchiquement les vingt-cinq millions d'hommes qui habitaient le territoire de la France sous leur bon plaisir.

« Aux yeux de tous ces gens-là, la propriété ne porte aucun principe de morale. Pourquoi notre déclaration des droits semble-t-elle présenter la même erreur ? en définissant la liberté, le premier des biens de l'homme, le plus sacré des droits qu'il tient de la nature, nous avons dit avec raison qu'elle avait pour borne le droit d'autrui. Pourquoi n'avez-vous pas appliqué ce principe à la propriété, qui est une institution sociale, comme si les lois éternelles de la nature étaient moins inviolables que les conventions des hommes ! Vous avez multiplié les articles pour assurer la plus grande liberté à l'exercice de la propriété ; vous n'avez pas dit un seul mot pour en déterminer la nature et la légitimité ; de manière que votre déclaration paraît faite, non pour les hommes, mais pour les riches, pour les accapareurs, pour les agioteurs et pour les tyrans.

« Je vous propose de réformer ces vices en consacrant les vérités suivantes :

« 1° La propriété est le droit qu'a chaque citoyen de jouir et de disposer de la portion des biens qui lui est garantie par la loi ;

« 2° Le droit de propriété est borné, comme tous les autres, par l'obligation de respecter le droit d'autrui ;

« 3° Il ne peut préjudicier à la sûreté, ni à la liberté, ni à l'existence, ni à la propriété de nos semblables ;

« 4° Toute possession, tout trafic qui viole le principe est illicite et immoral. »

Mais il n'était pas même nécessaire d'avoir lu ce discours pour savoir que Robespierre n'avait jamais demandé la loi agraire ; il suffisait de lire quelques autres articles, notamment l'art. 11 : « Les secours indispensables à celui qui manque du nécessaire sont une dette de celui qui possède le superflu. » Dans la république de Robespierre, il y avait donc encore des *pauvres et des riches*. Mais si on avait dû, après la déclaration, partager également la fortune publique, il n'y aurait plus eu ni riches ni pauvres. Dès-lors, la déclaration portait en elle-même la preuve qu'elle n'était pas dominée par la pensée même secrète d'une loi agraire. On n'avait donc pas su la lire ; ou bien on l'avait lue avec une intelligence de mauvaise foi.

Une fois que le caractère anti-agraire de l'art. 6 est bien constaté, il ne reste plus à examiner que deux questions : La définition est-elle juste, rationnelle ? la rédaction est-elle vicieuse ou exacte ?

M. Dupin, d'après M. Portalis, dit que la propriété est un droit inhérent à l'être humain, et non le résultat d'une loi positive, ou d'une convention humaine (1). Cette définition est l'arrêt de condamnation de la révolution tout entière. La nation devrait immédiatement s'empresser de restituer les biens du clergé, les dîmes, les privilèges de la noblesse, les jurandes, les banalités, enfin tous les anciens droits seigneuriaux, et même les droits de cuissage et de jambage ; car tout cela constituait des propriétés qui dès-lors doivent paraître à M. Dupin des droits inhérents à l'être humain, et non le résultat d'une loi positive ou d'une convention humaine !

Si la définition de l'école de M. Dupin est vraie, il faut déchirer tous nos Codes. De quel droit limitez-vous la durée de la propriété littéraire et des inventions ? Comment légitimez-vous vos lois sur les expropriations publiques ; les lois sur les alignemens des maisons, sur l'espèce de proscription qui rejette hors des villes certains établissemens d'industrie ? Comment légitimez-vous vos lois qui limitent et règlent l'exploitation des mines, des carrières, des marais salans ? Comment légitimez-vous les lois qui limitent l'importation et l'exportation des grains, la culture du tabac, le droit d'ouvrir des

(1) Voir le discours de M. Dupin, prononcé à la Cour de Cassation, le 8 septembre.

bals publics ou des théâtres, le taux de l'intérêt de l'argent, la faculté des donations entrevifs ou testamentaires? Comment osez-vous établir vos impôts qui sont un prélèvement si onéreux sur les fruits annuels de la propriété? Toutes vos lois n'ont plus de base logique; elles sont toutes des démentis du principe posé par vous, des attentats à la loi de nature telle que vous la proclamez.

Condorcet avait proposé à la Convention de prendre parti pour la définition de la propriété comme droit immuable, inhérent à la nature de l'homme, non modifiable par les lois humaines, et la Convention accepta ce point de vue qu'elle légiféra de la manière suivante:

« Art. 17. Le droit de propriété consiste en ce que tout homme a le droit de disposer à son gré de ses biens, de ses capitaux, de ses revenus, de son industrie. »

Ainsi, nulle réserve de modifier la propriété, de la rendre sociable, de l'harmoniser avec tous les droits des tiers et tous les besoins de l'état. Ainsi c'était une protestation faite sans réflexion contre tout le passé de la révolution, et c'était aussi un empêchement à toute espèce de lois civiles et économiques, lois qui ne sont que des modifications apportées au droit absolu de la propriété.

Robespierre protesta contre cette définition, et vous comprenez maintenant la cause de son discours et de sa proposition.

La Convention ajouta: « Art. 18: Nul genre de travail, de culture, de commerce ne peut être interdit à l'homme; il peut fabriquer, vendre et transporter toute espèce de production. »

Ici nulle réserve encore pour les droits des tiers, pour l'intérêt social, même pour les intérêts les plus sacrés de l'humanité. Par l'article 18, la traite des noirs pouvait se déclarer légitime, se déclarer droit naturel.

Robespierre protesta contre cet article 18 et proposa cette rédaction: « Tout trafic qui viole ce principe (c'est-à-dire la sûreté, la liberté, l'existence de nos semblables), est essentiellement illicite et immoral. »

Nous venons de voir les raisons pour et contre; maintenant citons les autorités. Pour la propriété comme droit immuable et immodifiable, M. Dupin et M. Portalis, puis la Convention, qui, dix-neuf jours après la promulgation de ces principes, les violait en limitant la durée de la propriété littéraire qui est la plus intime à l'homme, puisqu'elle est une création de l'homme. Pour la propriété comme droit résultant de la loi humaine, Grotius, Puffendorff, Pothier lui-même, Bentham, Mirabeau et la raison, et la logique, et tous les codes, même ceux de la Convention.

Vous comprenez maintenant pourquoi la Société des Droits de l'Homme a préféré la déclaration de Robespierre à celle de la Convention (1).

(1) Voir les notes à la fin.

Mais la rédaction de l'article 6 est-elle bonne ? Cette rédaction ne fait-elle pas dire à la pensée de Robespierre autre chose que ce qu'il a voulu dire ?

La rédaction est bonne, à quelque point de vue philosophique que l'on se place.

Etes-vous de l'école philosophique des *droits naturels*? Par le droit naturel, vous reconnaissez que tous les hommes avaient un droit égal de co-propriété sur tous les objets compris dans le milieu où ils vivaient. Vous avouez que c'est par suite d'une convention que la co-propriété a cessé, et que le partage a eu lieu. Qu'est-il arrivé au moment de ce partage? Au lieu de sa co-propriété dans toutes les choses du globe, chaque homme a reçu une portion de ces choses, et la société s'est engagée à la lui garantir. Dès-lors, en ce moment, s'il y avait eu un légiste pour définir la propriété, il n'aurait pu la définir autrement que de la sorte : La propriété est le droit qu'a chaque homme de jouir et de disposer à son gré de la *portion* de biens qui lui est garantie par la convention du partage, par la *loi*.

Robespierre appartenant à l'école de Rousseau, à l'école des droits naturels et de la co-propriété originaire, devait donc définir la propriété divisée, la propriété individuelle, comme il l'a fait.

Les criailleries que l'on a poussées contre la définition de la propriété, n'ont donc pas d'autre cause, qu'une ignorance historique et philosophique. On ignorait l'histoire des idées dans l'école du droit naturel, on ignorait que Robespierre appartenait à cette école.

Voulez-vous vous placer sur le terrain des idées positives, des écoles positives? la définition de la déclaration n'est pas moins exacte.

Dans ces écoles, le territoire et les capitaux forment le capital social qui doit être exploité pour que l'humanité puisse vivre. Il est plus utile que ce vaste capital social soit exploité divisément qu'en commun, par l'individu comme propriétaire, que par l'homme comme manœuvre de la cité. Le meilleur moyen de faire travailler l'homme, est de garantir à lui et à sa famille les fruits acquis par son travail. Voilà l'analyse des idées de cette école.

Maintenant, voilà les faits sociaux que réglemente cette école : 1° chacun possède une portion plus ou moins forte du capital social qu'il a acquise soit par hérédité, soit par achat; 2° la loi lui garantit cette portion, et par suite, les augmentations que son travail peut y ajouter. De ces deux faits résulte un fait complexe qui constitue la propriété et qu'il faut nécessairement définir ainsi : La propriété est le droit de jouir de la portion de biens garantie par la loi.

Je pourrais ajouter bien d'autres raisons pour justifier la rédaction de la déclaration, mais le développement de celles que je vous ai données est déjà trop long et peut-être trop fastidieux. Il me suffit de vous exposer les principaux motifs qui ont fait préférer la rédaction de la déclaration de Robespierre à celle de la déclaration de la Convention. (1)

Il est une autre idée de la déclaration qui a été violemment attaquée, elle est contenue dans l'art. 11 « Les secours *indispensables* à celui qui manque du *nécessaire* sont une dette de celui qui possède le *superflu*. Il appartient à la loi de déterminer la manière dont cette dette doit être acquittée.

M. Franck-Carré, lors de son fameux réquisitoire, fut pris d'une profondeur d'esprit si surnaturelle, qu'il vit dans cet article la loi agraire tout entière ; il le dit, du moins. Que voulez-vous répondre à un pareil fanatisme de réquisitoire ? M. Franck-Carré n'a donc de pitié que pour les riches ! Vous, Messieurs, rappelez-vous que Rome antique, à côté du temple de Plutus, avait élevé un temple à la Pitié. Et vous êtes chrétiens !

Vous êtes aussi hommes politiques. Celui qui le proposait sentait que la tranquillité de la cité ne peut exister que lorsque les pauvres ne meurent pas de faim, et par son article, il atteignait un double but d'humanité et de tranquillité sociale. Cet article valait mieux que tous les sergents de ville de M. Gisquet, et peut-être ne coûterait pas plus cher.

Autre article plus violemment attaqué. « Les citoyens dont les revenus n'excèdent pas ce qui est nécessaire à leur subsistance sont dispensés de contribuer aux charges publiques ; les autres doivent les supporter *progréssivement* selón l'étendu de leur fortune. » (Art. 12.)

On a encore vu là une conséquence de la loi agraire, dont on s'obstinait à plaisir à imputer l'idée à la déclaration.

Deux mots, Messieurs. pour vous expliquer la portée morale et politique de cet article :

Robespierre avait dans sa pensée le bilan de ce que les différentes classes de la société avaient gagné pendant les trois années révolutionnaires qui venaient de s'écouler.

Avant 1789, le clergé et la noblesse ne payaient pas d'impôts pour leurs terres, et ils possédaient une immense partie du territoire français.

En 1789, le tiers-état voulut faire payer l'impôt territorial au clergé et à la noblesse. Ces deux corps résistèrent. Les bourgeois, propriétaires de terres surchargées d'impôts, appelèrent les prolétaires à leur aide. Les prolétaires combattirent, versèrent leur sang devant la Bastille, comblèrent les fossés de leurs corps. La noblesse et le clergé furent vaincus et obligés de payer.

A cela que gagna le prolétaire ? Rien, car il n'avait pas de terres imposables ; les bourgeois seuls firent un grand bénéfice.

Plus tard, le clergé fut dépossédé, et l'on confisqua les propriétés de la noblesse émigrée. L'état vendit ces vastes domaines, et. fut

(1) Il y a quelques raisons nouvelles à la fin.

obligé par les circonstances du moment de les vendre à bas prix. A qui ces ventes à bas prix profitèrent-elles? aux bourgeois, aux petits capitalistes? oui; Aux prolétaires? non; car le prolétaire, vivant de son travail au jour le jour, n'avait ni argent ni crédit pour acheter ces terres, quelque fût leur prix.

Qui profita de l'abolition des dîmes? Les propriétaires bourgeois qui furent dispensés *gratuitement* et comme par une espèce de cadeau, de payer ce surcroît d'impôts au clergé. Les prolétaires? non; car ils n'étaient pas propriétaires. La suppression gratuite des dîmes fut une chose immorale et impolitique de la part de l'Assemblée. Constituante. Depuis des siècles, les propriétaires étaient accoutumés à payer les dîmes (1). Ces dîmes avaient une destination sainte, celle de soulager les malheureux. Le clergé avait oublié depuis long-temps que ces dîmes n'étaient qu'un dépôt qu'on lui confiait pour soulager le prolétaire indigent. Cet oubli était une raison suffisante pour dépouiller le clergé du droit de percevoir les dîmes; ce n'était pas une raison pour les supprimer. Il fallait que l'état continuât à les percevoir au p.ofit des indigens. Ainsi l'abolition des dîmes n'avait pas profité aux prolétaires, et même leur avait nui, en leur enlevant le peu que quelques membres honnêtes du clergé restituaient avec fidélité à l'indigence.

Mais l'égalité de l'impôt territorial (impôt dit *proportionnel*), profita-t-elle par contre-coup aux prolétaires? Non. Parce qu'un impôt territorial, égal à l'ancien, plus à celui prélevé sur les terres nobles et ecclésiastiques, fut nécessaire d'abord pour empêcher l'ancien déficit de se renouveler, et pour parer à tous les besoins du moment; de plus, tous les anciens impôts non directs durent être conservés sous leurs anciens noms ou sous des noms nouveaux, et c'étaient ces impôts-là qui frappaient le plus directement sur les consommations des prolétaires.

Ainsi, jusques en 1793, le prolétaire n'avait rien gagné en bien-être matériel; au contraire il avait perdu. Ce fut à cette époque que Robespierre voulut que la révolution fît enfin quelque chose pour le bien-être matériel des classes pauvres,

Comment voulut-il améliorer leur sort? Par une loi agraire? Non, je vous l'ai prouvé. Mais par une loi sur l'impôt, par une loi qui organisât l'impôt, de manière à ce qu'il ne frappât pas sur les pauvres, mais qu'il frappât sur les riches; qu'il n'enlevât pas le né-

---

(1) Chacun sait que le prix d'achat des terres se calcule principalement d'après les produits. Plus les produits sont diminués par un impôt, moins la terre se vend cher. La dîme étant un véritable impôt, avait influé sur le prix d'achat de toutes les terres possédées par les bourgeois? ils avaient nécessairement acheté leurs terres à un prix beaucoup moins élevé que si la dîme n'avait pas dû être payée. La Constituante leur fit donc un cadeau gratuit de la différence existante entre le prix qu'ils avaient déboursé pour l'achat de ces terres chargées de la dîme, et le prix qu'ils pouvaient retirer de ces terres affranchies de la dîme.

cessaire, même à l'indigent, mais qu'il ne fît que prélever une part du superflu de la richesse ou de l'aisance ; de manière à ce que l'impôt frappât la richesse d'un fardeau *progressivement* plus fort à mesure qu'elle était plus richesse, si je puis m'exprimer ainsi. En un mot, Robespierre demandait à la Convention de substituer l'impôt *progressif* à l'impôt *proportionnel* qu'elle conserva dans sa déclaration.

Robespierre ne faisait que demander ce que Montesquieu déclarait être une nécessité dans un état républicain :

« Quoique dans la démocratie l'égalité réelle soit l'âme de l'État, cependant elle est si difficile à établir, qu'une exactitude extrême à cet égard ne conviendrait pas toujours. Il suffit que l'on établisse un cens qui réduise les différences à un certain point : après quoi, c'est à des lois particulières à égaliser, pour ainsi dire, les inégalités, par les charges que les lois imposent aux riches et le soulagement qu'elles accordent aux pauvres. » (Montesquieu, *Esprit des Lois*, liv. V, ch. 5.)

Montesquieu ne semble-t il pas avoir écrit lui-même les articles 11 et 12 de la déclaration ?

La Société des Droits de l'Homme demande également l'impôt progressif ; non pas cet impôt géométriquement progressif qui demande 1 p. 100, et par une conséquence rigoureuse cent mille pour cent mille, de manière à rendre un homme tout-à-fait pauvre parce qu'il était riche ; mais un impôt moralement progressif qui frappe de plus en plus la richesse à mesure qu'elle s'élève, en lui laissant largement la plus grande partie des fruits de ses propriétés.

Quand l'impôt progressif sera établi, le prolétaire aura enfin reçu sa part des bienfaits matériels de la révolution, *sa part des jouissances sociales*, non pas en prenant de la propriété des riches, mais en conservant le peu qu'il gagne en moins souffrant.

Si cet impôt avait été établi depuis 1793, nous n'aurions peut-être pas de nos jours ces discordes entre les maîtres et les ouvriers, nous aurions moins aussi de ces déclamations contre la richesse. Tous les citoyens y auraient gagné, le prolétaire serait moins malheureux, le propriétaire moins épouvanté.

Nous poursuivons (je me trompe, car je ne suis pas de la Société des Droits de l'Homme); cette société poursuit cette révolution toute pacifique ; elle la poursuit avec ardeur par ses publications. Mais ne croyez-vous pas que tous les bons citoyens devraient apporter le tribut de leur intelligence dans cette œuvre de philanthropie ? N'y a-t-il pas là un apostolat qui puisse passionner les cœurs élevés ? N'y a-t-il pas là une pensée qui soit digne aussi des esprits les plus positifs ? N'y a-t-il que les esprits anarchiques, que les partisans de la loi agraire, que les infâmes amis du pillage, qui puissent arborer le drapeau de la déclaration des droits? Jugez, Messieurs, la France jugera aussi.

Ces développemens ont été bien longs, mais il fallait en finir avec la calomnie. Désormais, quiconque viendra dire aux membres de la Société des Droits de l'Homme : Vous voulez la loi agraire, mentira avec la volonté de mentir ; et chacun pourra lui répondre : Vous êtes un calomniateur.

Ainsi, vous savez bien maintenant pour quelles raisons la Société des Droits de l'Homme a préféré la déclaration de Robespierre à la déclaration de la Convention. La Convention n'avait, en réalité, continué la révolution qu'au profit de la bourgeoisie ; Robespierre voulait que la révolution portât aussi quelque profit au prolétariat, moins par l'aumône que par la dispense des charges publiques. Il avait vu là une grande et noble question d'humanité, une importante question de tranquillité sociale. La conception de Robespierre était donc plus large, plus philantropique, plus politique. Elle était une conception d'avenir.

Ma tâche est finie, Messieurs, j'avais une accusation de complot à détruire ; je l'ai balayée hors de cette enceinte. J'avais des immoralités à dévoiler, j'ai rempli mon devoir, et l'immoralité est à nu. J'avais à combattre des haines et des préventions habilement soulevées; elles ne doivent plus exister dans votre pensée, du moins j'aime à le croire. On avait évoqué le fantôme de la loi agraire, et toute cette fantasmagorie s'est évanouie devant les lumières de la vérité.

Puisse maintenant le pouvoir, abandonnant ses intérêts mesquins de coterie dynastique, s'associer au grand mouvement que le passé des siècles prophétise de toutes parts ! Puisse-t-il comprendre la sainteté de la mission que notre siècle est appelé à accomplir ! Qu'il se hâte de se mettre à l'œuvre, s'il ne veut pas que bientôt cette noble besogne soit mise en des mains plus pures et plus dévouées que les siennes.

———————

M⁰ Boussi appelé à plaider, discute rapidement les faits imputés à plusieurs de ses clents puis il passe à la défense de Chevé, il lit de nouveau son testament déja produit par l'accusation (1),

(1)   TESTAMENT DE CHEVÉ.

« Ayant fait d'avance le sacrifice de ma vie à la cause sainte de la liberté ; sachant qu'un républicain doit être prêt chaque jour à la mort, quand un roi règne sur son pays ; pensant d'ailleurs que je ne serai vraiment capable de vertu que dégagé des liens qui m'attachent à la terre, je veux formuler ici mes dernières volontés.

« Je lègue à l'enfant qui doit bientôt naître de moi l'héritage de mes croyances ; les voici :

« Je crois à un principe des choses et des êtres, principe éternel, parce que rien ne meurt; intelligent, parce que de lui émanent les lois admirail l'analyse avec soin, et loin d'y trouver aucun dessein concerté et arrêté du complot, n'y découvre que des sentiments de moralité religieuse, politique, dominés par une grande pensée d'un généreux et patriotique dévouement.

« On fait, dit-il, à Chevé, un crime d'avoir signé cette belle œuvre, le 27 juillet. Oh ! Messieurs, ce sont les pensées de toutes ses journées. Il faut que vous sachiez sa vie, et vous verrez que ses paroles n'étaient que la traduction bien infidèle de toutes ses actions. Ce que j'en sais, ce n'est pas de lui que je le tiens ; c'est un vol que ses amis m'ont aidé à faire à sa modestie. Ces débats ont pu vous faire juger de sa constante abnégation.

Chevé est bien jeune, et pourtant il a fait de bien grandes

bles de l'univers ; équitable, parce que chacune de ses œuvres décèle la justice.

« Je crois à la continuation indéfinie de ma vie intellectuelle. Je crois que ce principe de l'intelligence, qu'on appelle âme, sera cruellement torturé par le souvenir du crime, délicieusement affecté par celui de la vertu.

« Voilà toute ma religion ; tel est mon culte.

« La fin de l'homme est le bonheur, son moyen la vertu ; — le bonheur, c'est le contentement de soi-même, selon la raison ; — la vertu, c'est l'exercice de l'intelligence vers le bien.

« Sous les lois de ton organisation, exerce ton intelligence, élève ton ame, et tu seras heureux.

« Vivre, c'est sentir ; les sensations sont la pâture de la pensée ; la pensée est la voix de l'âme ; l'âme est tout ; le reste n'est rien.

« On est grand par le dévouement. Le dévouement se compose d'énergie et de persévérance ; accélérer le progrès, telle est la tâche du républicain ; — sacrifier les individualités aux masses, voici la règle de sa conduite.

« La liberté se compose d'un travail qui rend indépendans les autres, et de l'intelligence qui brise l'esclavage des sens, des préjugés des hommes. — Il est plus facile d'être libre dans un cachot que sur un trône.—La liberté, c'est l'émission illimitée d'actes selon le droit.

« L'égalité, c'est la consécration de la justice ; la justice, c'est l'intelligence selon l'ordre, c'est l'état des choses selon les lois de leur organisation.

« Le devoir est le respect du droit dans autrui.

« Telles sont les bases de mes idées morales et politiques. Tout repose sur le dévouement, et il n'est pas possible d'être républicain, sans avoir sans cesse sous les yeux ces paroles de Saint-Just : « Celui qui veut faire des révolutions dans ce monde, celui qui veut faire le bien ne doit dormir que dans le tombeau. »

« Je lègue à C......... V........, demeurant rue ...., la moitié de ce qui doit m'appartenir de la succession de mon père, à la charge de payer 150 francs à M. B....., détenu à Sainte-Pélagie, pour un billet de 75 francs à lui dus ; de plus 25 francs à M. S......, rue de la Tixeranderie, n. 15, pour 15 francs dus ; plus 300 francs à J...... (Athanase), dont 100 francs pour consacrer à son instruction, et 100 francs à distribuer aux patriotes dans le besoin.

« Je reconnais comme mien, par un acte, l'enfant dont Cl..... V..... est enceinte. J'engage Cl. à l'élever dans tous mes principes, et à faire germer dans son cœur l'amour de la patrie et la haine des rois. Puisse mon patriotisme ardent effacer toutes mes fautes.

Fait ce 27 juillet 1833, rue des Bourguignons.

« Ch. CHEVÉ. »

choses. Sa vie politique ; pour ce que j'en sais , a commencé en juillet. Il se battit à la Poudrière , au pont d'Austerlitz, aux casernes de Sainte-Geneviève , de l'Oursine, de Babylone; partout où il y eut de la gloire et du danger.

Bientôt la liberté s'envola du sol de la France , se dirigeant vers la Belgique. Chevé s'y rendit comme volontaire de la légion française. Il y combattit long-temps pour la république , mais quand la Grande-Bretagne y envoya un roi, Chevé quitta le grade que sa bonne conduite et son courage lui avaient mérité.

Alors la Pologne était envahie par l'armée russe. Sous le commandement du capitaine Kersosi, Chevé partit , lui, dix-huitième, sur un vaisseau de l'état chargé de munitions pour l'insurrection polonaise. Je ne veux point dire par quelle fatalité M. Pozzo di Borgo fut instruit de l'expédition ; il en avisa son gouvernement , et le bâtiment français tomba au milieu d'une escadre russe. Le capitaine parlait de se rendre , mais Kersosi et quelques-uns de ses amis déclarèrent qu'ils se feraient plutôt sauter avec le vaisseau. Qui s'était chargé de mettre le feu à la poudre et tenait la mèche allumée , pendant que l'équipage étonné faisait force de voiles? Messieurs, c'était Chevé... (Sensation profonde.) Vous comprendrez maintenant comment un homme de cette trempe peut dire : « Celui qui veut faire le bien dans ce monde , ne doit dormir que dans le tombeau. » C'est le dévouement à la liberté poussé jusqu'à l'héroïsme ; c'est Saint-Just ou bien Chevé.

Il finit en disant : Je ne puis , Messieurs, vous dissimuler ma pensée. L'accusation, battue et honteuse , voudrait bien faire partager la solidarité de toutes ses flétrissures , et charger votre bonne foi d'une grande mystification. C'est faire injure à vos lumières et à votre justice. On ne trompe pas si facilement des hommes comme vous. Vous comprenez trop bien la haute mission qui vous est confiée. Le verdict de votre conscience doit retentir dans toute la France. Ne l'oubliez pas, Messieurs ; nous faisons ici de l'histoire , et vous allez travailler pour la postérité.

Après le prononcé des dernières plaidoiries et le résumé du président , qui a duré deux heures et demie, cinquante-cinq questions sont posées au jury.

Au bout de deux heures de délibération , les jurés rentrent en séance, et le chef du jury déclare sur toutes les questions : NON, LES ACCUSÉS NE SONT PAS COUPABLES.

« Je le savais bien, dit *Chuquet*, vous n'avez fait que votre devoir. »

Le président prononce l'acquittement , et ordonne la mise en liberté de tous les accusés.

Immédiatement après, M. *Delapalme* se lève, et, s'adressant à la Cour, il s'exprime ainsi :

Messieurs,

Un incident s'est élevé relativement à Parfait, et la Cour a sursis à statuer ; sa décision était motivée par la qualité d'accusé. Aujourd'hui nous n'insisterons pas à l'égard de Parfait, mais il nous reste un devoir à remplir et nous saurons l'accomplir, nous allons adresser des réquisitions.

L'avocat-général, dans son réquisitoire, rappelle qu'en parlant de l'acte d'accusation, Me Pinard s'est écrié: *C'est le fait d'un faussaire!* que Me Michel a dit : L'expression m'appartient, et qu'il a demandé que son nom fût inscrit à côté de celui de Me Pinard ; qu'en agissant ainsi ces deux avocats ont méconnu les devoirs de leur profession, que l'imputation de faux adressée au rédacteur de l'acte d'accusation constitue un outrage d'autant plus répréhensible, que l'acte d'accusation n'est que le développement des charges énumérées par un arrêt de la Cour, qu'il ne pourrait y avoir eu faux qu'autant que l'altération aurait porté sur les pièces mêmes qui basaient la poursuite ; que d'ailleurs les défenseurs, en prenant au greffe communication des pièces et du dossier, étaient à même de reconnaître la cause de cet erreur ; qu'on ne peut soupçonner la bonne foi de l'acte d'accusation ; qu'on pouvait lire les divers réquisitoires déposés par le ministère public dans le cours de l'instruction ; qu'en effet l'acte d'accusation a été rédigé, non pas sur les pièces qui, pour accélérer le jugement sollicité par les accusés, avaient été remises à M. le président, mais sur un réquisitoire dressé en première instance ; que d'ailleurs la pièce émanée de M. Raspail était transcrite en entier dans l'arrêt de la chambre d'accusation dont lecture est faite à l'ouverture des débats, et qu'ainsi il n'y a pas un faux, une altération commise sciemment. Les conclusions qui se rattachent à cette partie du réquisitoire tendent à ce que Mes Pinard et Michel soient interdits de l'exercice de leur profession pendant le temps qu'il plaira à la Cour de déterminer.

Il expose ensuite que Me Dupont en signalant deux mots ajoutés aux pièces imputées à Kersosi a dit : *Je reconnais le crayon rouge du parquet ;* que dans sa plaidoirie Me Dupont a franchi toutes les bornes de la décence et de la modération, et a commis un outrage envers le procureur-général en lui imputant des altérations de témoignages, des suppositions inexplicables de pièces dans le dossier de Kersosi, et lui faisant l'application de ce mot : *je vous rappelle à la pudeur,* et en le comparant à Laubardemont. Ce réquisitoire conclut à l'égard de Me Dupont à ce qu'il soit rayé du tableau des avocats, sous toutes réserves de le poursuivre extraordinairement.

Me *Pinard* donne quelques explications sur la question d'équité qui doit s'agiter entre le ministère public et lui. Il s'étonne que

M. l'avocat-général, qui, au moment où le prétendu outrage a été commis, n'avait cru devoir requérir que l'injonction, ait pensé devoir passer aujourd'hui à des réquisitions plus sévères sans que rien pût leur servir de prétexte.

Il dit en terminant : avocat, depuis long-temps j'ai respecté la magistrature, et quelle que soit votre décision, je m'y soumettrai ; mais au moins je pourrai me dire qu'en qualifiant l'acte d'accusation et son auteur, je ne me suis pas mis en opposition avec ma conscience.

M⁰ *Delangle*, complète la justification de M⁰ Pinard.

M⁰ Michel *prend la parole :*

Je sue, dit-il, mais ce n'est pas de honte ; je sue de colère et d'indignation. Vous pouvez me condamner, mais l'avocat du roi ne fera jamais de moi ni un accusé ni un coupable.

Je suis plein de respect pour la magistrature ; car sans elle, la loi n'est qu'un bienfait impuissant et stérile : la magistrature, c'est la loi vivante. Mais il est quelque chose que je respecte plus encore, c'est la vérité. Comme homme, je la recherche ; comme citoyen, je la propage ; comme avocat, j'ai mission de la faire triompher.

Qu'exige-t-on de nous ? Je suis arrivé à un âge qui n'admet point l'excuse de l'irréflexion, et ma profession ne me permet pas d'ignorer la valeur usuelle et légale des mots.

Altérer des pièces, c'est un faux, selon le dictionnaire de l'Académie ; et selon les termes du droit, le fonctionnaire public qui reproduit des conventions non existantes fait un faux. Je l'ai dit, je persiste. (Profonde sensation.)

Eh quoi ! les avocats sont-ils donc des esclaves des gens du roi ! Connaissez-nous mieux : il est possible que vous nous suspendiez..., tout est possible dans ce temps de malheur ; mais vous ne me réduirez pas à la misère, je ne tendrai pas la main ; et si je la tendais jamais à tous ceux dont j'ai sauvé la vie ou l'honneur, je serais encore plus riche que tous les gens du roi, malgré les munificences du pouvoir... (Des applaudissemens unanimes éclatent dans l'auditoire.)

Mirabeau, plaidant devant le parlement de Provence, disait à ses juges : « Vous me condamnerez sans doute ; mais le jour de la vérité luira, ce qu'il y a d'impur sera purifié. » Suspendez-moi, dites que mon nom sera rayé du tableau ; mais dites aussi que le même jour j'avais, négligeant mes affaires, fait soixante lieues pour m'associer à la défense de vingt-sept jeunes gens, et que ce même jour ils sont acquittés. Ce souvenir, je le léguerai à mes enfans, et ce patrimoine en vaudra bien un autre. (Bravo ! bravo !)

Il fallait au moins vous presser d'un jour : hier, je n'aurais pas prêté le secours de ma voix à ce d'Argenson, qui, lui aussi, ne vit que pour ce peuple avec lequel, quoi qu'on fasse, je ne cesserai de sympathiser, et dont je ne cesserai de défendre les droits.

Juges! le jour de la justice se levera pour tous, pour les gens du roi, pour nous, pour vous aussi, magistrats; et c'est pourquoi j'espère que vous ferez votre devoir.

(Des applaudissemens éclatent dans toute la salle. Il est impossible de rendre l'impression produite par cette entraînante improvisation.)

DÉFENSE DE Mᵉ DUPONT.

Après quelques secondes accordées à l'agitation des auditeurs, Mᵉ Dupont prend la parole en s'adressant à M. Delapalme.

Vous avez accusé Raspail d'hypocrisie, et vous, vous venez de dire que c'était avec regret que vous demandiez ma radiation. Moi, je vous réponds : Vous ne dites pas la vérité. Vous voulez vous venger en un jour de trente défaites que je vous ai fait subir depuis trois ans. Vous voulez vous venger personnellement de certains souvenirs de la restauration qui réveillés par ma bouche, vous ont vingt fois forcé de baisser les yeux devant moi, comme vous les baissez maintenant. Voilà le seul motif de vos réquisitions. Le pays jugera la fin du drame comme il en a jugé le commencement.

Vous dites que Laubardemout est flétri par l'histoire, et vous ne voulez pas que je flétrisse votre procureur-général! Vous me dites que la postérité de Laubardemont cache *son nom honteux*, et se voile le front; vous demandez si je veux condamner les fils du procureur-général à rougir du nom de leur père? Moi, je vous réponds : Si Laubardemont avait vécu de mon temps et qu'il eût été faussaire, je lui aurais dit en face : Vous êtes un faussaire; et si Laubardemont avait eu des fils, je leur aurais dit : Prouvez-moi que j'ai calomnié votre père; prenons des épées voilà ma poitrine.

Quand vous avez, il y a quatre jours, suspendu vos menaces sur ma tête; qnand nos clients voulaient se priver de nos secours pour ne pas nous exposer à vos haines, je vous ai dit : Quel que soit le sort qui m'est réservé, je ferai mon devoir; je l'ai fait. Pour venir perdre mon état devant vous, j'ai veillé sept nuits sur douze; maintenant donnez-moi le salaire de mes veilles. (Mouvement.)

Mais ne vous réjouissez pas trop! moi, je n'ai point besoin de mon état pour manger un pain honteux, entendez-vous M. l'avocat du roi? j'ai une famille qui ne rougira pas de moi quand je sortirai de cette enceinte, entendez-vous? si j'en étais réduit à une honorable mendicité, j'ai des amis, qui partageraient avec moi leur dernier morceau de pain, comme j'ai partagé avec eux les travaux d'une noble lutte, comme je partage avec eux l'honneur de vos persécutions, entendez-vous cela?

J'ai dit : « Des altérations de faits, des altérations de témoignages écrits, des falsifications de pièces, la supposition inexplicable d'une pièce à charge dans le dossier de Kersosi , la violation du secret des lettres , ou ce qui n'est pas moins immoral , l'usage de ces lettres violées, l'exhumation de documens jugés depuis plus d'un an dans d'autres procès , la violation du secret des affections les plus intimes, la diffamation, l'injure , la calomnie, voilà les bases de l'acte d'accusation ; voilà les bases de cet acte que l'on peut regarder , sans se tromper, comme le premier exposé des motifs de la loi future sur les forts détachés. »

Cette phrase est fidèle. Les journaux ont exactement rendu ma pensée. Je ne viens pas la dénier , je viens la justifier en prouvant de nouveau qu'elle est vraie , comme je l'ai prouvé au jury. Car ces phrases n'étaient pas des allégations futiles , elles étaient le résumé anticipé , mais fidèle de ce que j'avais à démontrer , de ce que j'ai démontré.

Deux mots sur la moralité du réquisitoire. J'ai plaidé pendant deux heures ; pendant deux heures j'ai plaidé sans être interrompu ; j'interrogeais même l'œil , le geste du président de ces débats ; je cherchais à sonder sa pensée ; je n'ai vu ni dans ses traits , ni dans ses gestes , la moindre marque de désapprobation. Le silence n'aurait-il été qu'un piége ?.. Le jugement le dira.

« La calomnie ! l'injure ! la diffamation ! « Ces mots vous étonnent et vous scandalisent ! Lisez donc avec moi l'acte d'accusation de votre procureur-général ; je vous indique les pages 2 et 14 , et vous y lirez...

M. *Delapalme ne prenant pas l'acte d'accusation, M*^e *Dupont lui dit* :

Prenez votre acte d'accusation , vous dis-je ; je vous condamne à lire ce que vous avez écrit. (Mouvement.)

« Cette société , fondée par des ambitieux que la révolution n'a pas satisfaits , est composée d'hommes qui n'ont rien à perdre , mais tout à gagner dans un bouleversement ; elle compte dans ses rangs ceux qui , sous prétexte d'attaquer la forme du gouvernement , n'en veulent qu'à la fortune des citoyens et à *la propriété* en général. C'est l'appât qu'on ne cesse de leur offrir. Le partage des biens, le dépouillement des riches qui possèdent depuis trop long-temps , et auxquels l'équité exige qu'on laisse seulement la portion nécessaire à leur existence. Voilà ce qui met en mouvement une classe d'hommes qui trouve plus facile de dépouiller les autres que de se soutenir par le travail. (Pag. 2 de l'acte d'accusation.) »

« Il faut pour ses membres , dégoûtés de travail , une révolution sociale qui , en les enrichissant de ce qu'on appelle le superflu des riches , ne laisse à ceux-ci que le strict nécessaire. » (Pag. 14.)

Ainsi voilà les accusés signalés comme des brigands , des amis du pillage ! Et ce n'est pas là une injure ! une diffamation ! une calomnie ! Nous avez avoué vous-même la calomnie de l'acte d'accusation, lorsque, avant-hier, devant la noble indignation de Vignerte et des accusés, vous avez été obligé d'avouer que vous n'entendiez pas dire que les membres de la société voulussent piller les riches, mais que vous attaquiez seulement leurs théories brillantes et dangereuses.

Votre acte d'accusation dit : « Raspail n'était qu'un hypocrite, lorsqu'il semblait ne pas vouloir sortir des voies de la modération (p. 10). » Raspail hypocrite ! Certes c'est une diffamation ! De plus, c'était une calomnie, car vous aviez sous vos yeux la preuve que Raspail avait tout fait pour éviter une collision le 28 juillet. Vous aviez ces articles du *National* et de *la Tribune*, à la date du 27 ; et si vous vouliez douter de la sincérité de Raspail, vous aviez cette lettre saisie chez Lacombe, cette lettre qui n'était pas destinée à la publicité, et qui contenait des sentimens semblables à ceux que Raspail exprimait par les voies de la publicité. Vous aviez donc, dans une lettre confidentielle, dans une lettre destinée au secret, la preuve que Raspail n'était pas un hypocrite ; et cependant, votre procureur-général l'accuse d'hypocrisie ! Injure ! diffamation ! calomnie ! calomnie !

« Kersosi est carliste. » (Pag. 16.) Diffamation ! calomnie ! Vous qui avez si bien scruté sa vie pour savoir s'il avait été arrêté tel ou tel jour, vous saviez bien aussi que ce n'est pas seulement à la police que l'on prend des renseignemens sur un capitaine de hussards. Les cartons du ministère de la guerre vous étaient ouverts, vous avez pu y lire dans un rapport du général Bigarré, à la date du 13 août 1830 : « Le capitaine Kersosi du 4° hussards, jeune officier d'une valeur héroïque, dont les principes sont aussi chauds que son cœur est brûlant pour la liberté. Ce jeune officier a des droits à l'avancement, et je crois remplir un de mes premiers devoirs en demandant pour lui le grade de chef d'escadron. » Et dans un autre rapport, à la date du 26 octobre : « Il est tout à fait instant de le faire sortir de ce régiment, car avec ses idées de républicanisme il finirait par corrompre de braves gens qui ont confiance en lui. »

Ces faits n'étaient pas restés ensevelis dans les cartons du ministère ; ils avaient été publiés à la tribune, par le rapporteur d'une pétition de Kersosi. La tribune avait entendu alors que Kersosi avait, le 10 août, fait signer à son régiment et aux habitans de Pontivy une protestation carliste sans doute :

« Les citoyens de Pontivy et le quatrième de hussards repoussent l'élévation au trône du duc de Bordeaux. »

Kersosi carliste ! Ce mot est une injure pour lui, car elle suppose qu'il a abandonné les sentimens patriotiques qui l'animaient jadis. Il est des hommes, je le sais, qui, suivant les temps, changent leurs opinions et se présentent sans rougir aux regards d'une audience avec des sentimens nouveaux aussi passionnés que ceux qu'ils affectaient sous un autre règne ; honte à ces hommes-là ! Kersosi rougirait d'une assimilation avilissante.

« Altération de faits. » Voici mes preuves :

1º Votre acte d'accusation dit : « La Société des Droits de l'Homme avait d'abord choisi l'anniversaire des journées de juin.... Mais soit que le cœur leur manquât, soit qu'après s'être comptés ils ne se crussent pas encore en assez grand nombre pour commencer l'attaque, ils renvoyèrent aux journées de juillet l'exécution de leurs coupables projets. » (Pag. 3.)

S'il est un principe certain consacré par le code d'instruction criminelle, c'est que l'accusation ne peut loyalement articuler un fait sans que ce fait ait sa base dans l'instruction qui précède l'arrêt de renvoi. Eh bien! je défie formellement le mandataire de M. Persil de signaler le moindre témoignage, la moindre pièce qui ait pu l'autoriser à dire que la Société des Droits de l'Homme devait fêter les journées de juin par une insurrection.

C'est donc une supposition d'un fait et d'un fait grave.

2º Votre acte d'accusation a dit que « les deux comités en hostitité jusqu'au milieu de juillet, avaient suspendu leurs hostilités pour créer un comité d'action qui devait diriger l'insurrection. »

A l'audience, vous avez été contraint d'abandonner cette absurde hypothèse; et si vous avez été forcé à l'abandon, ce n'est pas par la production de pièces nouvelles, mais bien par la simple lecture des pièces que le rédacteur de l'acte d'accusation avait sous les yeux, par la leture de l'ordre du jour du comité Lebon., ordre du jour publié dans le *Journal de Paris* du 26 juillet, et par la réponse que le comité Raspail adressait au comité Lebon, par l'organe de *la Tribune* et du *National*, le 27 juillet.

Donc les deux comités ne s'étaient point ralliés pour une action commune, puisqu'ils se combattaient par la voie de la presse. L'opposition du comité Raspail à l'égard du comité Lebon était encore prouvée par cette lettre confidentielle saisie chez Lacombe. De plus, le comité Lebon, par son ordre du jour, ordonnait la permanence des sections; au contraire, la lettre saisie chez Lacombe prouvait que le comité Raspail avait conseillé à ses sectionnaires de se répandre paisiblement sur les boulevarts, et de ne crier: A bas les bastilles! que dans le cas où ces cris partiraient des rangs de la garde nationale. Ainsi tout prouvait la désunion et pour ainsi dire l'hostilité des deux comités jusqu'au 28 juillet! et votre acte d'accusation n'a pas craint d'affirmer que ces comités s'étaient réunis pour nommer un *comité d'action.*

Donc, seconde altération ou supposition d'un fait.

3º Votre acte d'accusation accuse Kersosi d'avoir fait partie de ce comité d'action. Par quelle preuve?... Pas une preuve, pas même un indice dans l'instruction! et votre acte d'accusation est réduit à dire : « Il en faisait *nécessairement* partie. » (Pag. 16.)

Encore une supposition de fait.

4º Mais cette supposition ne suffit pas encore; votre acte d'accusation ne se borne pas là; il suppose à la charge de Kersosi un discours fabriqué par un Tacite du Parquet : « Kersosi aurait dit aux conjurés : « Remettez vos divisions à un autre temps ; trêve à vos débats jusqu'au 1er août ; suspendez temporairement l'autorité de vos comités ; établissez pour cinq jours une sorte de dictature, à laquelle vous donnerez le nom de *comité extraordinaire d'action,* et après la victoire vous ferez à chacun justice rigoureuse. » (Pag. 7.)

Ainsi, supposition d'un discours, mauvaise imitation de Tacite ou plutôt de Séjan !

5.° L'acte d'accusation articule que ce *comité d'action,* qu'il a inventé, a ordonné la *permanence des sections.* (Pages 8 et 9), Cette invention est habile, car pour qu'il y eût complot, c'est-à-dire résolution d'agir, il ne suffisait pas de créer un comité d'action, il fallait encore montrer ce comité comme résolu à agir. Eh bien ! au moment où cette cinquième supposition était faite, elle était démentie par la déposition de Vignerte, qui avait avoué franchement que l'ordre du jour relatif à la permanence (celui qui avait paru dans le *Journal de Paris* du 26) était émané du comité dont il faisait partie, c'est-à-dire du comité Lebon, et cette déposition était encore corroborée par la lettre de Raspail saisie chez Lacombe, lettre qui prouvait que le comité Raspail n'avait pas ordonné la permanence, puisqu'il avait ordonné à ses sectionnaires de se promener sur les boulevarts.

Nouvelle supposition d'un fait.

6° L'ordre du jour saisi sur l'élève Rouet, et qui parlait d'organisation de bataillons et de municipalités, votre acte d'accusation affirme qu'il émane du comité d'action. Sur quelle preuve ? sur quel indice ?.... Nulle preuve ! nul indice ! L'acte d'accusation se borne à dire : Il est *visiblement* émané du comité d'action. » (P. 11.) Visiblement, nécessairement ; nécessairement , visiblement ; voilà les preuves alternatives invoquées dans un acte d'accusation aussi grave ! ! !

Vous avez visiblement et nécessairement supposé un fait.

7° A votre conspiration inventée à loisir il fallait des orateurs ; c'est l'accusé Parfait qui sera le tribun. (P. 39 et 13). Mais Parfait était-il de la Société des Droits de l'Homme ? Parfait avait répondu négativement ; rien dans l'instruction ne donnait un démenti à sa déclaration ; et votre acte d'accusation fait avouer à Parfait qu'il était de la société ! (P. 39.)

Septième altération de fait.

8° Il en est de même de l'accusé Chevalier ; malgré ses dénégations, votre acte d'accusation affirme, sans aucune preuve, qu'il était de la société. Vous aviez besoin d'un certain nombre d'accusés dans votre complot.

9° « Des membres de la Société des Droits de l'Homme étaient

chargés de donner du retentissement aux cris : *A bas les bastilles !*
et de propager les protestations, pour amener une collision et
commencer le combat. En effet, pendant la revue, des groupes
de jeunes gens ont été remarqués de distance en distance, suivant
le cortége et criant : *A bas les forts détachés ! A bas les bastilles!
A bas le roi !* » (P. 13.)

Quel élément de l'instruction a dit au rédacteur de l'acte d'accusation que le comité avait donné un mandat semblable à des
jeunes gens? Rien, vous m'entendez, rien ; et cependant on affirme
le fait !

Neuvième supposition de fait.

Si j'avais plus de temps je vous montrerais encore d'autres suppositions de faits et d'autres altérations des témoignages écrits ; mais
voyons les falsifications de pièces.

L'accusation de complot avait pour base unique la réunion des
deux comités et la nomination d'un *comité d'action.* Tout le reste
de l'accusation était coordonné avec cette première hypothèse à
l'aide d'autres hypothèses dont je vous ai donné quelques échan-
tillons. Mais il fallait une preuve quelconque pour servir de base
à l'hypothèse principale ; l'acte d'accusation possède cette preuve :
« Des pièces *irrécusables* attestent l'existence du comité d'action. »
(P. 8.)

Mais quelle est donc cette pièce irrécusable ? C'est, le croiriez-
vous, la pièce écrite de la main de Kersosi, cette pièce dont on
a supprimé ces mots : « Les membres soussignés font la motion suivante » pour pouvoir dire dans l'acte d'accusation : « Le 21 juillet,
dix-neuf chefs de série et de section se réunissent et *arrêtent* les
bases, non d'une fusion définitive, mais d'une alliance momentanée, dont l'objet est suffisamment indiqué par la date et par la création d'un comité d'action. Voici l'acte écrit de la main de Kersosi,
saisi à son domicile, le 28 juillet : Art. 1er, etc.

Ainsi, par la suppression que j'ai signalée, ce qui n'était qu'une
simple proposition, un simple projet, est transformé en résolution
définitive, en traité complet. Sans ce traité l'accusation n'avait pas
de base ; elle se fait elle-même sa base en dénaturant la pièce. Le
rédacteur de l'acte d'accusation avait donc un intérêt réel à mutiler,
à falsifier la pièce, puisque sans cette mutilation la pièce était sans
valeur pour servir de base à son édifice.

Croyez-vous que l'on puisse admettre que le rédacteur doive être
regardé comme un homme qui n'a pas compris la portée de la suppression, qui ait fait cette suppression par légèreté ? Je pose
la question, chacun sera juré et la résoudra en consultant sa
conscience. Quant à moi, j'ai consulté ma conscience, et j'ai déjà
répondu.

Mais, dit-on, cette mutilation ne pourrait nuire à personne. La
pièce originale était là. Chacun pouvait la consulter. Et si j'avais eu
confiance en vous, si je n'avais pas vérifié, si je vous avais cru sur

parole ? Je pouvais lire l'arrêt de renvoi, dites-vous, et la pièce s'y trouve mutilée comme dans l'acte d'accusation ! Vérifiez de suite, et vous verrez quel contrôle fidèle pouvait fournir l'arrêt de renvoi.

J'ai signalé l'introduction inexplicable d'une pièce à charge dans le dossier de Kersosi. Ai-je menti, ai-je calomnié ? L'accusation dit : « Parmi les papiers saisis chez Kersosi s'est trouvée une pièce semblable aux trois exemplaires saisis sur les prévenus Chavot et Levasseur. C'est le plan de l'organisation de la société. Sous l'article ı^{er} on lit : But de la société. Art 2 : Sa composition : un commissaire, cinq sous-commissaires, cinq quinturions, cinq décurions, dix sectionnaires, *vingt éclaireurs*.... Art. 4 : Tribunal. Art. 6 : Serment.... Cette organisation effrayante n'annonce que trop les coupables desseins de ceux qui s'y soumettent. Et ce serment exigé des associés, quel est-il ? Le Tribunal appelé à les juger, le connaît on ? » (P. ı7.)

Eh bien ! cette supposition était encore fausse. M. le président, il y a trois jours, a déclaré publiquement que rien, dans l'instruction, ne prouvait que cette pièce eût été trouvée chez Kersosi ; que les procès-verbaux de saisie prouvaient le contraire que c'était sans doute comme simple renseignement que cette pièce avait été mise dans le dossier de Kersosi ! ! Et cependant vous avez entendu le rédacteur de l'acte d'accusation. Est-il assez affirmatif ? Quoi ! il affirme un fait de cette gravité, et il a devant les yeux les procès-verbaux de saisie qui nient ce qu'il affirme. Il est bien coupable, s'il a lu les procès-verbaux ; plus il est coupable encore, s'il ne les a pas lus.

Après avoir encore examiné la violation du secret des lettres et l'exhumation des pièces jugées depuis long-temps, Me Dupont termine à peu près en ces termes :

« Magistrats vous êtes avant tout soumis au jugement de l'opinion publique. Pourquoi les journalistes sont-ils appelés dans cette enceinte ? Est-ce pour qu'ils aient seulement à rendre compte des débats et satisfaire la curiosité d'un peuple d'oisifs ? Non ; c'est pour que le public vous juge à votre tour, vous qui jugez les autres. Ce n'est point ici une froide spéculation de la part de la presse ; c'est un acte de haute moralité. Quand j'ai vu que la presse pénétrait sous ces voûtes, je me suis dit : Le pays tout entier y vient avec elle. (Se tournant vers le bureau des rédacteurs de journaux.) Journalistes, vous avez reproduit avec fidélité ma pensée tout entière : je vous en remercie. Ce que j'ai dit pour que vous le répétiez au pays, je le répète une seconde fois ; ce ne sera pas ma faute si le pays l'ignore.

(A la Cour.) De tel côté que je considère ce que j'ai dit, je me félicite de l'avoir dit. Est-ce avec intention que notre adversaire a mutilé des pièces, altéré des témoignages, supposé des faits ? Il est *coupable*. Est-ce par légèreté ? Mais il y a long-temps qu'on a dit que chez le magistrat la légèreté est un crime... Et vous voulez que je me taise ! Moi qui dirais la vérité devant un bourreau, je ne la dirais pas devant des juges? Mais vous me prenez donc pour un misérable? J'endurerai la persécution, mais je n'endurerais pas l'ignominie.

Ce qui vous scandalise surtout, c'est que je vous ai dit : Je vous rappelle à la pudeur. Après toutes les plaintes que j'avais le droit de porter contre le procureur-général, il me semblait qu'en appeler à sa pudeur était le langage le plus doux que je puisse tenir. Me suis-je trompé? Serait-il donc vrai qu'il ne me soit plus même permis de faire un appel à la pudeur et à la conscience de M. le procureur-général? Quoi qu'il en soit, je le répète pour qu'on le sache bien, mes accusations s'adressent spécialement à M. Persil. J'ai dit qu'une main sacrilége avait chassé la justice de son trône pour la précipiter dans la boue des cités; c'est encore là une des phrases que vous me reprochez : c'est encore à M. le procureur-général qu'elle s'adresse.

Vous vous êtes affligés de m'entendre dire que pas un seul pouvoir n'était aujourd'hui digne de nos respects; et moi aussi je me suis affligé de l'avilissement qu'on a fait subir à la magistrature; je me suis affligé de ce qu'au milieu de tant de pouvoirs qui passent, pas un seul, même la justice, ne restât debout sur son piédestal. Vous m'accusez, vous auriez dû me louer; vous m'accusez, mais le pays me saura gré des paroles de deuil que j'ai fait entendre dans ces tristes débats.

Si je dois être rayé, et cela est possible, j'ai voulu que les magistrats fussent bien éclairés sur la vérité de mes allégations, afin qu'il soit constant que, s'ils me condamnent, c'est qu'il veulent condamner la vérité.

Vous dites que les termes dans lesquels j'ai flétri l'accusation ont eu du retentissement, et vous me le reprochez. Il y a une autre chose qui pour l'honneur de l'humanité, n'aurait pas dû sortir de l'obscurité de cette enceinte, c'est l'accusation elle-même. On n'aurait pas eu sous les yeux l'exemple scandaleux d'un magistrat demandant la déportation de vingt-sept citoyens, avec pas une pièce vraie!

Après cette chaleureuse défense de M⁰ Dupont, et une réplique de M. Delapalme et de M⁰ Delangle au nom de ses trois confrères, la Cour se retire pour en délibérer.

Les autres défenseurs présens à l'audience, font passer à la Cour une note signée par laquelle ils réitèrent la demande d'être considérés comme solidaires des paroles reprochées à M⁰ˢ Michel et Dupont.

La Cour rentre après trois heures de délibération. Aussitôt, M⁰ *Fenet* portant la parole au nom de ses confrères, prie la Cour de statuer sur leurs conclusions. Mais, M. le président, l'interrompant et lui interdisant la parole, prononce l'arrêt suivant :

«Considérant qu'il appartient à la Cour, aux termes de l'art. 103 du décret du 20 mars 1808, de connaître des fautes de dicipline qui auraient été commises à ses audiences;

« Considérant qu'à l'audience du 15 de ce mois, et lors de la lecture de l'écrit de l'accusé Raspail, Me Pinard, s'expliquant sur la reproduction inexacte d'un passage de cet écrit dans l'acte d'accusation rédigé par le procureur-général près la Cour, s'est écrié : *C'est le fait d'un faussaire !*

« Qu'interpellé par le président de s'expliquer sur cette expression, il a ajouté: *Je l'ai dit, je le maintiens*; qu'au même moment, Me Michel s'est levé spontanément en disant: *L'expression m'appartient également; je demande que mon nom soit placé à côté de celui de Me Pinard*;

« Considérant qu'il est vérifié que l'erreur qui s'est glissée à cet égard dans cet acte provient de ce que le procureur-général n'étant pas nanti des pièces de l'instruction, a copié les incriminations de cet écrit ainsi qu'elles étaient portées à la page 58 du réquisitoire définitf fait en première instance;

«Que cette inexactitude était complétement indifférente, puisque la pièce était inscrite en entier dans plusieurs actes de l'accusation qui ont été soit communiqués, soit même signifiés aux accusés; qu'ils ont même été lus en entier à l'audience de la veille, ce qui atteste que l'erreur était purement involontaire; que cependant, et même après les explications données à l'audience de ce jour, les avocats ont persisté à attribuer cette énonciation fautive à la malveillance;

« En ce qui touche Me Dupont, considérant qu'à l'audience dudit jour, 15 de ce mois, et lorsqu'une pièce de la main de Théophile Kersosi était représentée à cet accusé, Me Dupont s'expliquant sur les deux premiers mots, *les membres*, écrits au crayon et qui ne sont pas de la même main que le reste, a dit : *Je reconnais le crayon rouge du parquet.*

« Qu'interpellé à cet égard, il a répondu d'abord n'avoir attaché à ces expressions aucune intention malveillante, n'avoir pas même eu la pensée qu'un faux aurait pu être commis;

« Qu'en effet, il fut établi à l'instant même que, le 12 août, cette pièce, qui était entre les mains du juge d'instruction, avait été représentée à l'accusé dans l'état même où elle était produite aux débats;

« Considérant que Me Dupont, averti par les réquisitions immédiates du ministère public, loin de réparer ses torts, les a aggravés, en repoduisant la même attaque, et en se livrant à l'audience du 20 de ce mois, et même dans la défense qu'il vient de présenter, à de nouveaux outrages envers le procureur-général; qu'il lui a notamment reproché d'avoir falsifié des pièces pour motiver l'arrestation et la détention prolongée de citoyens, et que même il a ajouté que, sans ce qu'il qualifiait de falsification, toute accusation eût été impossible; que cette imputation est d'autant moins excusable, que cet avocat ne pouvait ignorer que l'acte d'accusation n'est jamais rédigé qu'après l'arrêt qui renvoie les accusés devant la Cour d'Assises ;

« Considérant que les autres inexactitudes et les déductions signalées par M⁶ Dupont comme erronées, étaient évidemment le résultat de la rapidité avec laquelle l'acte d'accusation a été rédigé lorsque les accusés demandaient à être jugés sans retard après une longue instruction ; que d'ailleurs, en présence des pièces originales produites par le procureur-général lui-même, qui devaient être et ont été lues publiquement et remises aux jurés, il lui était impossible d'attribuer de bonne foi à ce magistrat les intentions odieuses qui lui ont été supposées ;

« Considérant que, quelle que soit la latitude qui doive être accordée à la défense, les avocats doivent se renfermer dans les bornes prescrites par la loi et leur serment, qui leur impose l'obligation de respecter les magistrats et de s'exprimer avec décence et modération ;

« Que, loin de là, les avocats susnommés, dans une cause où il s'est montré tant d'irritation, ont donné à leurs cliens l'exemple de la passion et de l'outrage ;

« Considérant enfin que la répression est d'autant plus nécessaire, que ces attaques violentes sont dirigées contre un magistrat exposé à la haine des partis par suite du courage avec lequel il accomplit ses difficiles fonctions ;

« Faisant l'application des peines de discipline déterminées par l'ordonnance du 20 décembre 1822, art. 18 ;

« Interdit à M⁶ Dupont, à M⁶ Pinard et à M⁶ Michel l'exercice de leur profession d'avocat, savoir : à M⁶ Dupont pendant une année, à MM⁶ˢ Michel et Pinard pendant six mois ;

« Donne acte aux termes de l'art. 43 de la même ordonnance, au ministère public, de toutes réserves pour poursuites extraordinaires. »

NOTES JUSTIFICATIVES

SUR LA PLAIDOIRIE DE M⁰ DUPONT.

GROTIUS : *de Jure pacis et belli*, traduction de Barbeyrac : Livre II, chap·
11, § 11 :

« Il paraît que les choses n'ont pas commencé à passer en propriété par
un simple acte intérieur de l'âme, puisque les autres ne pouvaient deviner
ce que l'on voulait s'approprier pour s'en abstenir eux-mêmes, et que,
d'ailleurs, plusieurs auraient pu vouloir en même temps une même chose.
Mais cela s'est fait par *une convention, ou expresse*, lorsqu'on partageait des
choses qui étaient auparavant en commun, où *tacite*, comme quand on s'en
emparait. Car, du moment qu'on ne voulut plus laisser les choses en commun, tous les hommes furent censés ou durent être censés avoir consenti
que chacun s'appropriât, par droit de premier occupant, ce qui n'aurait pas
été partagé....)

« Voyons si les hommes peuvent avoir un *droit commun* sur certaines
choses qui *appartiennent à quelques-uns* en particulier? La question paraîtra
peut-être d'abord étrange, puisque l'établissement de la propriété semble
avoir éteint tout le droit que donne l'état de communauté. Mais cela n'est
point; et, pour convenir du contraire, il ne faut que considérer l'intention
de ceux qui les premiers ont introduit la propriété des biens. On a tout lieu
de supposer qu'ils n'ont voulu s'éloigner que le moins qu'il a été possible
des règles de l'équité naturelle : et ainsi, c'est avec cette restriction que
les droits des propriétaires ont été établis.

« De là il suit que, dans un cas d'extrême nécessité, le droit ancien de se
servir des choses qui se présentent, revit en quelque manière, tout de même
que si elles étaient encore communes, parce que ces sortes de cas semblent
exceptés dans toutes les lois humaines, et par conséquent dans celle qui a
établi la propriété des biens... »

PUFFENDORF, *Droit de la nature et des gens*, Liv. IV, chap. 4, § 4.

« La propriété suppose nécessairement un acte humain et quelque convention ou expresse ou tacite. Dieu a permis aux hommes de faire servir à
leurs besoins la terre et tout ce qu'elle produit. Mais la manière, l'étendue
et le degré de l'usage qu'on en peut faire, ont été remis à la volonté et à la
disposition des hommes; de sorte qu'il leur était libre de donner ou de ne
pas donner des bornes à ce pouvoir. En effet, Dieu n'a pas prescrit une cer-
taine manière de posséder les biens du monde, à laquelle tous les hommes
soient tenus de se conformer; ce sont les hommes eux-mêmes qui ont réglé
cela selon que le repos et l'avantage de la société le demandaient.....

« Sur ce pied-là, le droit naturel autorise toutes les conventions faites là-
dessus entre les hommes. *D'où je conclus que la propriété des biens tire immédiatement son origine des conventions humaines expresses ou tacites.*

« L'homme a droit de posséder et d'employer à ses usages les créatures
destituées de raison. Mais, comme naturellement tous les hommes sont égaux,
ils ont aussi un droit égal sur toutes les créatures, *et l'on ne trouve rien
d'ailleurs dans les* CRÉATURES MÊMES (1), *en vertu de quoi il faille assigner*

____

(1) Que devient le droit inhérent à la personnne, le droit de M. Dupin ?

à chacun sa part. On ne saurait donc s'empêcher de reconnaître que la distinction des biens tire son origine des conventions. Or, dans tout établissement humain, *l'exception d'une nécessité extrême est tacitement renfermée* (2), ainsi, du moment qu'on se trouve dans ce cas-là, le droit que chacun avait sur toutes choses reprend sa force. Car quand on a fait le partage des biens, chacun n'a renoncé à son droit naturel sur les choses assignées en propre à autrui qu'avec cette restriction tacite *qu'on ne puisse pas se conserver autrement.* Ce n'est pas que les malheurs qui nous arrivent nous donnent le droit à des choses auxquelles nous n'avions rien à prétendre ; mais la grandeur du péril fait cesser la condition sous laquelle on avait cédé son droit…. »

POTHIER, *Traité de la Propriété*, 1re partie, chap. 2, art. 1er.

« Les premiers hommes eurent d'abord en commun toutes ces choses que Dieu avait données au genre humain. Cette communauté n'était pas une communauté positive, telle que celle qui est entre plusieurs personnes qui ont en commun le domaine d'une chose dans laquelle elles ont chacune leur part ; c'était une communauté que ceux qui ont traité de ces matières appellent communauté négative, laquelle consistait en ce que ces choses, qui étaient communes à tous n'appartenaient pas plus à aucun d'eux qu'aux autres, et qu'aucun ne pouvait empêcher un autre de prendre, dans ces choses communes, ce qu'il jugeait à propos d'y prendre pour s'en servir dans ses besoins. Pendant qu'il s'en servait, les autres devaient la lui laisser ; mais, après qu'il avait cessé de s'en servir, si la chose n'était pas de celles qui se consument par l'usage que l'on en fait, cette chose rentrait dans la communauté négative, et un autre pouvait s'en servir de même.

« Le genre humain s'étant multiplié, les hommes partagèrent entre eux la terre, et la plupart des choses qui étaient à sa surface ; ce qui échut à chacun d'eux commença à lui appartenir privativement à tous : *c'est l'origine du droit de propriété.*

— *Droit de propriété.* — *Ses modifications et limites.* (Chap. 1)

« Le droit de propriété, considéré par rapport à ses effets, doit se définir le droit de disposer à son gré d'une chose, *sans donner néanmoins atteinte au droit d'autrui ni aux lois.*

« Dans notre définition, après ces termes, *sans donner atteinte aux droits d'autrui,* nous avons ajouté, *ni aux lois* : car, quelque étendu que soit le droit qu'a un propriétaire de faire de sa chose ce que bon lui semble, il ne peut pas néanmoins en faire ce que les lois ne lui permettent pas d'en faire ; par exemple, quoique le propriétaire d'un champ puisse y planter tout ce que bon lui semble, il ne lui est pas permis néanmoins d'y faire une plantation de tabac : y ayant des lois qui défendent ces plantations dans le royaume.

« Pareillement, quoique le droit de propriété d'une chose renferme le droit de la prendre et de la transporter où bon lui semble ; il n'est pas néanmoins permis de transporter son blé hors du royaume, lorsqu'il y a une loi qui en défend l'exportation. Il n'est pas permis à un marchand de vendre une quantité considérable de blé, surtout dans un temps de disette, au préjudice des lois de police, qui ordonnent de le mener et de le vendre au marché.

« Pareillement, quoique le droit de propriété d'une chose renferme le droit d'en mesurer et de la perdre, un marchand, propriétaire d'une quantité considérable de blé, qui, en différant trop long-temps de le vendre dans l'espérance que le blé enchérirait, l'aurait laissé perdre dans un temps.

(2) Là est la justification de toute la révolution.

de disette, serait coupable envers le public d'une injustice considérable ; la loi naturelle ne lui permettant pas de laisser perdre une marchandise d'une première nécessité , au préjudice du besoin que le public en a.

BENTHAM ; *traité de législation*, chap. viii, de *la propriété*.

Pour mieux sentir ce bienfait de la loi, cherchons à nous faire une idée nette de la *propriété*. *Nous verrons qu'il n'y a point de propriété naturelle, qu'elle est uniquement l'ouvrage des lois.*

« La propriété n'est qu'une base d'attente ; l'attente de retirer certains avantages de la chose qu'on dit posséder en conséquence des rapports où l'on est déjà placé vis-à-vis d'elle.

« Il n'est point d'image, point de peinture, point de trait visible, qui puisse exprimer ce rapport qui constitue la propriété. C'est qu'il n'est pas matériel, mais métaphysique. Il appartient tout entier à la conception de l'esprit.

« Avoir la chose entre ses mains, la garder, la fabriquer, la vendre, la dénaturer, l'employer, toutes ces circonstances physiques ne donnent pas cette idée de la propriété. Une pièce d'étoffe, qui est actuellement aux Indes, peut m'appartenir, tandis que l'habit que je porte peut n'être pas à moi. L'aliment qui s'est incorporé dans ma propre substance peut appartenir à un autre à qui j'en dois compte.

« L'idée de la propriété consiste dans une attente établie, dans la persuasion de pouvoir retirer tel ou tel avantage de la chose selon la nature du cas. Or, *cette attente, cette persuasion, ne peuvent être que l'ouvrage de la loi.* Je ne puis compter sur la jouissance de ce que je regarde comme mien que sur la promesse de la loi qui me le garantit. C'est la loi seule qui me permet d'oublier ma faiblesse naturelle. C'est par elle seule que je puis enclore un terrain, et me livrer au travail de la culture dans l'espoir éloigné de la récolte.

« Mais, dira-t-on, qu'est-ce qui servit de base à la loi pour le commencement de l'opération, quand elle adopta les objets qu'elle promit de protéger sous le nom de propriété ? Dans l'état primitif, les hommes n'avaient-ils pas une attente naturelle de jouir de certaines choses, une attente qui dérivait de sources antérieures à la loi ?

« Oui ; il y a eu dès l'origine, il y aura toujours des circonstances dans lesquelles un homme pourra s'assurer par ses propres moyens la jouissance de certaines choses, mais le catalogue de ces cas est bien borné. Le sauvage qui a caché une proie, peut espérer de la garder pour lui seul, tant que sa grotte n'est pas découverte, tant qu'il veille pour la défendre, ou qu'il est plus fort que ses rivaux, mais voilà tout. Combien cette manière de posséder est misérable et précaire ! supposez la moindre convention entre ces sauvages pour respecter réciproquement leur butin ; voilà l'introduction d'un principe auquel vous ne pouvez donner que le nom de loi. Une attente faible et momentanée peut donc résulter de temps en temps de circonstances purement physiques, mais une attente forte et permanente ne peut résulter que de la loi. Ce qui n'était qu'un fil dans l'état naturel est devenu pour ainsi dire un câble dans l'état social.

La propriété et la loi sont nées ensemble et mourront ensemble. Avant les lois, point de propriété : ôtez les lois, toute propriété cesse.

MIRABEAU. « Qu'est-ce que la propriété ? c'est le droit que tous ont donné à un seul de posséder exclusivement une chose à laquelle, dans l'état naturel, tous avaient un droit égal ; et d'après cette définition générale, qu'est-ce qu'une propriété particulière ? *C'est un bien acquis en vertu des lois.* Oui, messieurs, c'est la loi seule qui continue la propriété parce qu'il n'y a que la volonté publique qui puisse opérer la renonciation de tous et donner un titre comme un garant à la jouissance d'un seul.

A tous ces adversaires de M. Dupin, il faut ajouter tous les penseurs qui, non-seulemet'n'ont pas regardé la propriété individuelle comme un droit naturel, inhérent à la personne même de chaque propriétaire, mais encore ont pensé que la propriété individuelle était contre le droit naturel.

1. PLATON qui professe partout la doctrine du partage des biens, et qui refuse de donner des lois aux Thébains, parce que les riches ne voulurent pas consentir au partage égal des fortunes.

2. DIDEROT, Code de la nature.

3. J.-J. ROUSSEAU : « Le premier qui, ayant clos un terrain, s'avisa de « dire cela est à moi, et trouva des gens assez simples pour le croire, fut « le vrai fondateur de la société civile. Que de crimes, de guerres, de meur- « tres, que de misères et d'horreurs n'eût pas épargné au genre humain « celui qui, arrachant le pieu, comblant le fossé, eût crié à ses semblables : « Gardez-vous d'écouter cet imposteur ; vous êtes perdus, si vous oubliez « que les fruits sont à tous, et que la terre n'est à personne. » (Discours sur l'inégalité, 2ᵉ partie.)

4. BECCARIA : « Le droit de propriété est un droit terrible, et qui n'est « peut-être pas nécessaire. »

5. THOMAS MORUS.

6. CAMPANELLE.

7. PASCAL : « Ce chien est à moi, disaient ces pauvres enfans ; c'est là ma « place au soleil : voilà le commencement et l'image de l'usurpation de « toute la terre. »

NOUVELLES RAISONS QUI JUSTIFIENT LA DÉFINITION DE LA PROPRIÉTÉ ÉMISES DANS LA DÉCLARATION.

1. La loi civile pourrait ne pas admettre de droit successif, mais elle l'accepte ; en l'acceptant, elle le crée, et se réserve le droit de le modifier, en consultant les intérêts politiques et économiques de la société.

Mais, soit que la loi ordonne l'égalité absolue dans les partages entre les enfans ou les héritiers d'un citoyen, soit qu'il autorise dans la succession un prélèvement quelconque appelé du nom de *majorat* ou de tout autre nom, et que le partage du reste de la succession soit soumis à la règle générale de l'égalité ; toujours est-il que, dans une hérédité donnée, chacun reçoit une part, une portion de biens, portion que la loi lui garantit. Le droit de propriété de l'héritier qui vient d'appréhender sa part dans une succession, ne peut donc se traduire autrement que par ces mots : Le droit de jouir de la portion de biens qui lui est garantie par la loi. Tout autre traduction ne serait pas exacte.

La définition du droit de propriété, telle qu'elle est donnée par la déclaration de Robespierre, est donc seule conciliable avec les modifications que les lois de succession apportent à chaque propriété après la mort de chaque citoyen

2° Le droit naturel pur, tel qu'il est conçu *à priori* par ses professeurs, serait inconciliable avec tout état social. Aussi, les philosophes de cette école disent-ils que, dans l'état de société, l'homme fait le sacrifice d'une *portion* de sa liberté, pour que l'autre *portion* lui soit garantie. Dès lors la liberté sociale devrait être rationnellement définie ainsi : *la portion de liberté garantie par la loi.*

Le droit absolu de propriété serait, comme la liberté absolue, incompatible avec l'état de société. Aussi, l'homme social est obligé de faire le sacrifice d'une portion de sa propriété, comme il fait le sacrifice d'une portion de sa liberté, pour que l'autre portion de sa propriété lui soit garantie. Dès lors le droit de propriété, dans l'état de société, ne doit être défini rationnellement qu'en ces termes : *le droit de jouir de la portion de biens garantie par la loi.*

3° La définition se justifie encore davantage, lorsque l'on considère la propriété sous son aspect véritablement utile à l'homme.

Le droit de propriété réellement utile à un homme, ce n'est pas le droit de se dire propriétaire de telle terre ou de tel capital, mais c'est la jouissance libre et garantie des *revenus* et des *fruits* de cette terre ou de ce capital. Un exemple va rendre la pensée sensible : si la loi garantissait votre droit de propriété sur une terre, mais si, en même temps, elle frappait le revenu d'un impôt qui l'absorbât, la loi ne vous garantirait qu'un droit de propriété vague et inutile, un parchemin. La propriété *utile* consiste donc principalement dans la jouissance et la libre disposition du revenu.

Mais personne n'a jamais douté, je le pense, que la société ait le droit de prélever une portion annuelle du revenu sous le nom d'impôt ou de contribution. Dès lors la société ne laisse aux propriétaires, ne garantit aux propriétaires qu'une *portion* du revenu, c'est-à-dire, de la propriété utile.

La propriété est donc encore même, pour les partisans du droit naturel, le droit de jouir de la *portion* de biens, de la *portion* de revenus garantie par la loi.

FIN.

Paris, Auguste-MIE, Imprimeur, rue Joquelet, n. 9.